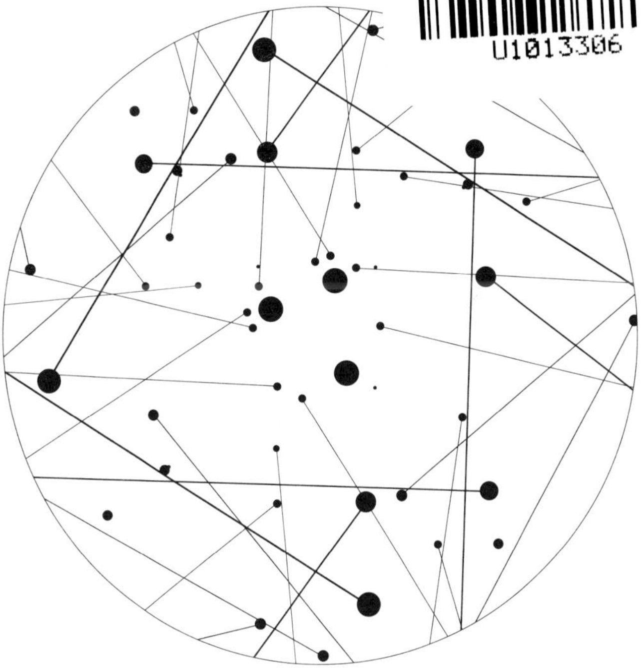

该死的粒子

理 趣 阅 读 司 南

尹传红——著

科学普及出版社
·北 京·

图书在版编目（CIP）数据

该死的粒子：理趣阅读司南 / 尹传红著. — 北京：科学普及出版社，2016.5（2018.11重印）

ISBN 978-7-110-09385-6

Ⅰ. ①该… Ⅱ. ①尹… Ⅲ. ①书评－选集 Ⅳ. ①G236

中国版本图书馆CIP数据核字(2016)第079422号

策划编辑　杨虚杰
责任编辑　鞠　强
装帧创意　林海波
设计制作　犀烛书局
责任校对　杨京华
责任印制　马宇晨

出　　版　科学普及出版社
发　　行　中国科学技术出版社发行部
地　　址　北京市海淀区中关村南大街16号
邮　　编　100081
发行电话　010-63583170
传　　真　010-63581271
网　　址　http://www.cspbooks.com.cn

开　　本　880mm×1230mm　1/32
字　　数　200千字
印　　张　9.5
版　　次　2016年5月第1版
印　　次　2018年11月第2次印刷
印　　刷　北京长宁印刷有限公司

书　　号　ISBN 978-7-110-09385-6/G·3921
定　　价　39.00元

题献

此书敬呈我挚爱的奶奶赵国英

她最早熏陶引导我阅读和思考

让我因此而开启心智热爱生命

感悟生活的意义与人生的美好

传红君集多年专栏文章精粹汇成此书，传扬经典，飘扬书香，弘扬文化，富有思想内涵，饱含人文情怀。我乐于为之点赞！

——王绶琯（中国科学院院士，著名天文学家，中国科学院原北京天文台台长）

这是一部特色鲜明的科学阅读指南。传红兼有记者的敏锐博识和学者的慎思笃行，其作品内容丰富、视野开阔、文笔流畅，我十分欣赏、爱读。

——欧阳自远（中国科学院院士，著名天体化学家与地球化学家）

读这本书，如插翅高翔于空天，穿梭于日月星辰之间；俯瞰大地，名山大川，海洋岛屿，森林城市，历历在目；是思想的盛宴，是精神的享受。

——张景中（中国科学院院士，著名计算机科学家与数学家，中国科普作家协会原理事长）

尹传红先生博览精思、汇通中外、情系大众，笔下世界多姿多彩，书里乾坤有声有色。本书即真切展现了他爱书、读书、写书、传播书的心路历程，别有一番情韵。

——刘嘉麒（中国科学院院士，著名地质与地球物理学家，中国科普作家协会原理事长）

科学图书汗牛充栋，尹传红先生从中沙里淘金，以散文笔调对经典之作加以点评剖析，引领读者读名著，长知识，广见闻，堪称一位热诚的科学图书向导。

——叶永烈（著名科普作家、科幻作家、传记文学作家）

一位勤奋的科普作家，用书评的方式展示诗意的科学，值得关注。

——吴国盛（著名学者，清华大学教授）

目录

卷一 寻

万物之本

卷二

溯

创造之源

卷三 幻

科学之梦

卷四

思

理性之道

序

推荐给真正的读书人

读书本是小圈子，写书评则更小。

在今天，认真计算一本书的成本就会发现，买书只是其中很小的一部分，而读书的成本却极高——读一本书，大概要两三天，有了这些业余时间，聪明人该创造出多少财富？就算不用来挣钱，也可以用来休闲。

读书是辛苦事，何况还要总结整理，写成文章。

在中国，稿费本来就低，书评则更低得离谱，不少媒体甚至是没有稿费的。这就是为什么肯写书评的人这么少，而其中写得好的尤其少。

个人意见，好书评要符合以下几个标准：

首先，不能以论代述。书评的目的在节约读者时间，让他们用最短的时间了解一本书的精华。如果写作者主观性过强，难免会成为“六经注我”，不免让人怀疑这样的书评人是否真的读了原书，还是随手翻一翻，然后便依据自己旧日的积累，汪洋恣肆一番。这样拿书作为话题的文章，只好算杂文，实在不能算书评。

其次，要有见识。书评也是文章，而文章是一个自足的系统，应有它的生命力，不能像产品说明书般复述一下内容，而是要对全书有提炼，有驳斥，乃至有思想史的梳理。好书的价值在于改造读者的观念，将此功能移植到短短的一篇文章中，最见书评人的功力。

其三，既有发现的慧眼，又有将其通俗化的智慧。好书是不必太通俗的，因为不读它是读者的损失，而非作者的损失，作者大可不必俯就。这就要书评人去发现它，并将其“翻译”成通俗语言。毫无疑问，这又是投机取巧者不爱做的事，因为没有极大的付出，肯定做不成。

在我看来，尹传红老师的书评较好地满足了这些标准，他的不少文章能让人再三玩味。

将书评集合成书，这在以往不入主流，最多只是“集外集”，以附骥尾。其实，读好书评是最划算的一件事：一册在手，却拥有了几十本书的思想，几天之内，既可一次次“三观尽毁”，又再一次次“三观”再建，如此畅快淋漓的智力博弈，岂能错过？

尹传红老师擅长科普书籍的书评，用心于此的书评人，更是凤毛麟角。匆匆浏览本书，发觉自己竟还有这么多不知道的东西，有些书虽然读过，却未能领会作者深意，实在汗流浃背，而读这本书，算是补了一课。

对我来说，这本书确是开卷有益，故不惴浅陋，推荐给真正的读书人。

唐山/文

唐山系北京晨报副刊部主任，书评人，作品散见《北京晚报》《新京报》《北京青年报》《南方都市周刊》等，罗辑思维签约讲师，并任中央人民广播电台都市之声读书栏目长期嘉宾。

卷一

寻

万物之本

活出有深度的人生

威尔·杜兰特/《论生命的意义》

2013年新年前后，一段有关“活着”的佳话在网媒上传递，感染了许多人。事情的起因是，一个来自单亲家庭、身患白血病的四川女孩宋静，历经9次化疗后萌生了放弃的念头。就在此时，她读到好友赠送的余华小说《活着》，心中有了共鸣，决意继续进行治疗，同时表达了想见见余华的愿望。为此，她母亲印了200份传单在街头发放。媒体报道后，余华与宋静取得了联系，鼓励她“要好好活下去”，并通过朋友帮她选定了北京的一家医院，还给她捐款10万元用于治疗。

两人见面时，女孩向作家提出了一个问题：“活着对于我们这种生过病的人来说，还有什么意义呢？”余华的回答是：“其实活着是生命对你的要求，不是你对你自己的要求。生命要求你活下去，要求你承担这样的责任。我当时写这本书，就说这个人（福贵）是为了活着而活着的，不是为活着之外的任何事物而活着。当时有很多人批评我，说我宣扬‘好死不如赖活着'，一种错误的理念。"

《活着》这本书很薄，然而，它的内涵却很丰富、厚重。这里介绍的《论生命的意义》一书，亦如此，并且也有一段"故事"。

1930年秋的一天，当时已颇有些声名的美国历史学家、哲学家威尔·杜兰特（1885—1981），正在纽约自家门前清理树叶，一个衣着体面的男子走了过来。他以平静的口吻告诉杜兰特，他准备自杀，除非这位受人尊敬的人生导师能够充分说服他。杜兰特跟他讲了很多活下去的理由，可他看起来却完全无动于衷。他木然走开，从此再没露面。

这件事令杜兰特深感震惊，也不能释怀。后来他了解到，1905–1930年这25年间，美国共有284142人自杀。"生命的意义是什么？"深入思考这个哲学上的永恒问题，杜兰特忽然心生一念：何不请教一下各界名人，他们究竟是怎样看待生命的意义的？把他们的答案整理出来，再补充一些自己的思考，形成一本书，是不是就可以回答那个找上门来的求助者的问题了？

1931年7月15日，杜兰特从纽约分别向美国国内和世界各地他所敬仰的一些知名人士发出了一封信。在信的前半部分，他先以诗人的语言，概略地表达了他自己对人类生存价值和意义的怀疑，然后换用哲学家的语言提问，请各位名流"指点迷津"——不仅让他们从抽象意义上回答生命的意义这一基本问题，也请他们讲述如何找到自己生命中的意义、目的和满足。

可以想见，答案五花八门。

英国戏剧家萧伯纳在一张明信片上写下了一个最简单的答

复：“我怎么会知道？问题本身有意义吗？”美国探险家斯蒂芬森也表达了类似的意思：“如果可以说没有人找到生命的意义，我们也同样可以说没有人能够证明生命是没有意义的。也许问生命是否有意义本身是个没有意义的问题。”

美国批评家门肯的回答率性又可爱：“您问我的问题简单说来就是，我的人生获得了什么满足感，以及我为什么要不断地工作。我不断地工作和母鸡不停地下蛋原因是一样的。每个有生命的东西都有一种虽然说不清楚、但却强有力的冲动，要积极地履行某种职责。有生命就要活下去。”时年25岁的美国女网球手穆迪的回答也直截了当：“我心里的不安分有着一种特殊的意义。……对我来说，如果我能做些什么，让我心中的不安分有所寄托，生活便有了意义，有了趣味，有了快乐。”

美国教育家霍普金斯的回答富有诗意、耐人寻味：“人类生命之所以可贵，在于它提供了各种各样的机会。要是偶尔有那么一天，你可以看见一望无际的蓝天里飘着朵朵懒洋洋的彩云，天气不冷也不热，大地上的树木草地青翠欲滴，院子里百花盛开，天亮时可以听到各种鸟儿清脆的歌声，我不相信你还会在那里质疑人生。这些都是无法用价值来衡量的体验，但是他们足以让任何正常的人感到活着本身都是了不得的特权。”

在印度物理学家、诺贝尔奖获得者拉曼看来，“生命的意义不在于一时的欢愉，也不在于明天会怎样。人脑的能力是有限的，无法了解世界无尽的秘密。不过，我也认为活着就得尝试。……思想与科技是我的人生和活动的主动力。”

为使观点更全面，杜兰特甚至还请一个被判处无期徒刑的犯人米德尔顿也发表了看法。这个被剥夺了未来的人给出的答案彰显出乐观，也颇有见地："我的生命意义取决于而且只取决于我自己发现生命真相的能力，在教训中学习，因教训而受益。简单地说，人生的价值在于我在努力使它实现什么价值。……对我来说，生命如一条河，一条奔流不息的河流。虽然偶有漩涡，偶有横流，但一往无前的大趋势什么都挡不住。……每次我在报纸上看到有人自杀的消息，我都会说：'这个人才真正相信生命是没有意义的。'"

在《论生命的意义》一书的第一部分，杜兰特用6章篇幅，从较为宏观的视野探讨了生命的意义。第二部分是名人们的答复，以及杜兰特所作的相关背景介绍与评述。第三部分则是杜兰特写给几位意欲自杀者的信件摘要，还有他自己对所提"问题"的回应。

这些答案也同样闪烁着哲理之光，意味深长：生命的意义在其自身，它存在于生命本能的愿望和这些愿望自然的满足中；生命最简单的意义是快乐，为生的体验而快乐；生命的意义在于它能够给我们生产的机会，让我们为包括我们自身的更大的存在作出贡献。……总之，人生的体验是一个壮阔的图景，你的任何感觉都能够给你生的理由。

杜兰特认为，如果要赋予生命以意义，那么就是不管在哪一种情况下，它必须能够提升个人，让他走出自我，让他成为宏大蓝图的一个合作者。所以意义与所谓满足的秘密在于，要有一项明确的任务，让一个人投入全部的精力，使人生的内容比以往更丰富。"现在永生对我来说指的就是我们全都是整体的一部分，我们都是庞大生命体的细胞，部分的死亡就是整体的新生；虽然作为个人我们会逝去，但是因为我们曾经存在过，因为我们曾经努力过，我们的整体被彻底地改变了。”

杜兰特这位史哲导师，一生致力于将哲学从学术的象牙塔中解放出来，进入大众读者的视野。他著有《哲学的故事》、《英雄的历史》和《历史上最伟大的思想》等佳作。1968年，他以11卷巨著《文明的历程》（中译本《世界文明史》）获得美国普利策图书奖；1977年，他荣获美国“总统自由勋章”。

1981年，杜兰特以96岁高龄谢世。作为一个思想深刻的人，他活出了一个有深度的人生。

《论生命的意义》，[美]威尔·杜兰特著，褚东伟译，江西人民出版社；《活出生命的意义》，[美]维克多·弗兰克尔著，吕娜译，华夏出版社；《人生的意义》，[英]特里·伊格尔顿著，朱新伟译，译林出版社。

以一本书创立一个学科

爱德华·威尔逊/《社会生物学：新的综合》

人的行为像所有其他动物一样具有适应性，用生物学家的话来说，这意味着其特征是由基因决定的；基因在决定人类在个体和文化水平上的行为方面起着重要的作用；人类各种行为的遗传成分都有其进化的基础……30多年前，上述这些“离经叛道”的生物学“新论”第一次出现在爱德华·威尔逊的巨著《社会生物学：新的综合》及随后的一些相关论述中，旋即引起了巨大的争议和风波。

1977年8月1日，社会生物学登上美国《时代》杂志封面。11月22日，爱德华·威尔逊从卡特总统手里接下了褒扬他对这门新学科贡献的国家科学奖。

然而，两个月后，在美国科学促进会于华盛顿举行的年度会议上，当威尔逊正准备发表演讲时，一个示威者冲上讲台，把一罐冰水倒在了他头上……据知，这次“湿身事件”，是迄今为止的近代美国史上，科学家仅仅因为表达某个理念而遭到身体攻击的唯一一宗案例，尽管攻击的程度很轻微。

威尔逊的磨难不止于此。

“湿身事件”前后，他的一些同行、同事乃至朋友也纷纷向他发动“攻击”。理查德·勒沃汀和斯蒂芬·古尔德是其中最著名的两位。他们宣称人类社会生物学不仅缺乏足够的证据来支持，同时还具有政治上的危险性，进而指责威尔逊是为一个旧的诡计提供一个新样本，“是按阶级、种族或性别为某些群体的统治现状和既得特权提供一种遗传辩护……”。

而当时正值美国民权运动高涨时期，人们不能不想到，这种有遗传决定论嫌疑的理论曾为美国在1910–1930年之间颁布绝育法和限制性移民法律，同时也曾为那些导致纳粹德国建立毒气室的人种优化政策提供过重要的基础。因此，在人权活动家看来，威尔逊是种族主义者、社会达尔文主义者；又由于威尔逊认为男女的行为差别由遗传决定，所以女权活动家毫不客气地给他扣上了“性歧视主义者”的帽子；右翼保守分子也同样没放过威尔逊，因为他居然认为进化论可以解释宗教、道德的起源。

《社会生物学》全书共27章，其中95%以上的篇幅在介绍如何用进化论解释动物的社会性行为，乍一看来这是一些很传统也很平常的学问。麻烦出在最后一章“人类：从社会生物学到社会学”。在这一篇幅并不是很长的章节中，他将该书前面部分的研究成果做了推广，试图将进化论也用于解释人类的行为。他得出的基本结论是：人类的行为在很大程度上就像其他动物的社会行为一样，是由基因决定的，是自然选择的结果。

威尔逊承认，《社会生物学》之所以“恶名昭彰”，主要在于它的混合特性，尽管其本意不过是试图为人类行为的起源提供一个进化论的解释。他自己做过总结，批评者主要反对的是他们所看到的两个所谓的严重缺陷：第一个是不合时宜的还原论，即认为最终可以将人类的行为还原到生物学中去理解；第二个缺陷就是遗传决定论，即相信人类的基因决定了人类的本性。

威尔逊给社会生物学所下的定义是“有关动物社会行为与复杂社会组成这两者的生物学基础的系统研究”。在他看来，社会生物学的“目的”在于获得关于整个社会的生物特征的普遍原理。就人类而言，社会生物学的任务就是从进化意义上科学地解释人类行为的起源与进化的生物学机制。

但从某种程度上说，社会生物学真正的学科意义，却被带有意识形态色彩的争论掩盖了。威尔逊坦言：“在1975年的时候，我可以说是个政治白痴”。他称自己对意识形态一点儿都不感兴趣，也为批评者认定他一定怀有某种政治动机而抱屈。

在来自四面八方的攻击甚嚣尘上、以致平日里熟悉的同事都对他惟恐避之不及的时候，威尔逊也忍不住怀疑起自己来：“我把社会生物学这个主题扯上人类行为，是否犯了某个推理上的致命大错？”多年以后他这样描述自己的处境：“当时我想到，我正面临被贬为贱民的危机——被认为是一个差劲的科学家以及社会上人人喊打的过街老鼠。”

《社会生物学》出版20年后，威尔逊在其自传中不无酸楚地写道：“或许，我在写《社会生物学》的时候，应该在写到黑猩猩的地方时就此打住，许多生物学家都希望我真的那么做。好几位评论者甚至说，如果我没有添上最后一章有关人类的章节，《社会生物学》将会是一本伟大的著作。”

让威尔逊感到欣慰的是，近十几年来，行为遗传学和神经生物学的研究已提供了大量的证据，足以证明至少人的某些行为，是受遗传因素影响的。而且可以推断：遗传因素必定经由长期进化形成，如此一来，用进化论解释人的本能行为的缘由，就没有什么说不过去的了。如今，《社会生物学》这部惊世骇俗的经典巨制，既被视为社会生物学领域的奠基性著作，也被看作是历史上最重要的关于动物行为的著作。

威尔逊1929年出生于美国南方亚拉巴马州的伯明翰。幼年时，他每天早晨用过早餐便走出家门，沿着海滩闲逛，搜寻所能见到的各种动物。晚上上床之后，他也要重温一下白天的探险历程才能入睡。1949年，威尔逊毕业于亚拉巴马大学，1955年获哈佛大学生物学博士学位，同年开始在哈佛大学执教，后任教于佩莱格里诺大学。

作为生物学家、博物学家和美国国家科学院院士，威尔逊是最早宣传“生物多样性”概念的人之一，他也擅长著述，曾以《论人性》和《蚂蚁》两度获普利策奖，还著有《昆虫社会》《生命的未来》等。1996年，威尔逊被《时代》杂志评为对当代美国影响最大的25位美国人之一。

《社会生物学：新的综合》，[美]爱德华·威尔逊著，毛盛贤、孙港波、刘晓君等译，北京理工大学出版社；《生命的未来》，[美]爱德华·威尔逊著，陈家宽、李博、杨凤辉等译校，上海人民出版社；《给青年科学家的20封信》，[美]爱德华·威尔逊著，赖君睿译，新华出版社；《大自然的猎人：生物学家威尔逊自传》，[美]爱德华·威尔逊著，杨玉龄译，上海科学技术出版社。

人类是孤独的吗

艾萨克·阿西莫夫/《地球以外的文明世界》

20世纪70年代末，美国科普巨匠和科幻小说大师艾萨克·阿西莫夫（1920—1992年），在他的一篇漫谈生与死的科学随笔中，写下了这样一段话："依我看，我所听到过的一切构想，不论是地狱还是天堂，都不适合于一个文明而又理智的心灵。我宁愿死后一切都不存在。"据阿西莫夫讲，他写这篇文章，是要与当时盛行并打着科学旗号忽悠人的"一种新形式的来世谬论"作斗争。

就在那个年代的某些场合，"单纯的人们"也频频向阿西莫夫发问：你不相信飞碟吗？或者远古太空人？或者百慕大三角奇事？或者心灵感应？

不相信！阿西莫夫回答说。不，不，不，不！他反复地说不。

有一次，某位先生受到这一连串的坚决否定所刺激，绝望之下突然提出质疑："你不相信任何东西？"

"不是！"阿西莫夫说，"我相信证据。我相信由独立的观察者所证实的观察、测量和推理。如果有证据支持，我会相信任何事情，不管这件事情听起来有多么荒诞和不合常理。可是，有些事情越是荒诞和不合常理，就不得不要求其证据越是牢固可靠。”

终其一生，阿西莫夫在世人面前所展现的，是一个坚定、执著的理性主义者形象。他相信，我们可以根据多数人所认可的逻辑规律来进行理性的传递。因此，在理性中，还有一种我们所不得不同意的论点，而且还能找出相关证据。正是抱着这样一种严肃的态度，阿西莫夫对地外文明进行了深入、系统的思考，并在1979年出版了广受赞誉的《地球以外的文明世界》一书。

翻开此书的目录页，怀着猎奇的心理，意欲寻觅异趣故事的读者恐怕会大失所望。的确，从第一章到第八章，光看标题未免显得干巴：地球、月球、内太阳系、外太阳系、恒星、行星、类日恒星、类地行星。从第九章起（至第十三章结束），似乎才算有些亮色：生命、其他星球上的文明、空间探索、星际飞行、信息。

然而，通读完全书，读者或许就能够领悟，这样的篇章结构安排，真是妙哉！妙就妙在它与人类认识自然、自身和宇宙的思维轨迹合拍，且脉络分明、新意迭出；也妙在它以层层剥笋式的逻辑推理笔法，以及引人入胜的“阿西莫夫文体”，由近及远、由里向外、由浅入深地描述了人类探索世界的奇妙旅程；间或还穿插着对自然、生命、智慧和文明的多元思考，且论辩精辟、深蕴哲理。

作者开篇即提出问题：我们人类是孤独的吗？是否只有人类才具有探索宇宙深处的眼睛？才能创造装置来扩展自己的天然器官？才拥有能理解和解释所看到和感觉到的东西的大脑呢？

接下来，作者对“神灵”观念的产生作了概略而又精当的阐释，指出：有些东西之所以被称作“超自然”，那是因为人们从有限的、不完全的知识出发，任意地下了这个定义。其实，我们并不完全了解我们认为存在的所有自然规律的含意和局限性。而科学所研究的只是那些能重新展示的现象，只有现代科学才带来了在任何情况下都攻不破的自然规律的概念。因此，作者声称，只让这本书“在必要时谈及超一般，但绝不谈及超自然，……也不去考虑那些在观测、试验和推理中无法理解的东西。”

以此为出发点，在第一章里，作者依次论述了动物、灵长目、脑容量、火和文明；在第二章至第四章中，探讨了从距地球最近的月球到银河系里遥远的恒星，其上存在生命的种种可能性或不可能性；在第六章至第八章中，剖析了行星系形成的可能性、普遍性及可居住性；在第九章至第十三章中，阐述了生命的起源与智力的发展、搜索地外文明并与之建立联系的各种途径，以及为什么要探索地外文明。

念生物化学专业并拥有博士学位的阿西莫夫，通晓多个学科知识，是时人所公认的博学之士。就《地球以外的文明世界》一书而言，尽管涉及化学、天文学、生物学、物理学、地质学和空间探测等诸多领域的知识，但它们经由作者的生花妙笔铺陈编排，均融会贯通于全书之中，读来毫无生硬之感，更添余韵无穷之妙。

阿西莫夫表述和论证观点十分注意把握分寸，其严谨、求实的科学精神于字里行间常有彰显。例如，在叙及有机化合物与生命的关联时，他写道：以碳原子为基础的复杂化合物的数量实际上是无限的。相比之下，不含碳原子的复杂化合物的数量实际上等于零。所以，我们可以假设，如果一个星球上没有有机化合物，它就没有生命。……也没有任何证据能表明，某种像生命一样复杂的东西能由比较简单的化合物形成。因此，在没有什么相反的证据出现之前，我们仅能假设：不存在有机化合物就不存在生命。

再如，在论及类日恒星生命存在的可能性时，阿西莫夫举证剖析后指出：由于小恒星在潮汐效应、生物域过窄和周期性出现耀斑这三方面都存在不利因素，我们在对地球以外的生命智慧作进一步讨论时把它们排除在外，就更为有理了。他给出的令人信服的结论是：小恒星非常普遍。我们银河系里2/3以上的小恒星都因太小而不适于生命生长。其他星系中的情况，可能也是这样。

如前所述，30多年前，诸如金字塔、天外来客、远古太空人之类的荒诞故事在世界范围内广为流传（当时我国也翻译出版了不少这类读物），造成了人们认识上的混乱。阿西莫夫坐不住了，他觉得自己有必要站出来捍卫理性的尊严，“即使战斗无望，我也不能简单地举手投降。”

不过，在书中一个注释里，阿西莫夫特别写道：“我不想贬低幻想的价值。我知道这是一门高尚的艺术，需要高超的技能。多年来，我自己就是以幻想为生的。但是，编造一个吸引人的幻想与使之跟事实融为一体，是完全不同的两件事。”

虽说对于地外文明的探讨持论严谨，但阿西莫夫是以一种科学的开放思维来看待这一极具思辨色彩和无穷魅力的古老话题的。他的基本观点是：我们在太空中并不孤独。还有其他文明世界存在，他们也在寻找、探索。这些文明可能与我们相隔极其遥远，我们暂时还难以企及和联络……如果我们探测不到任何信号，那也不能就此证明那里什么也不存在。也许我们找错了地方；或者寻找的方式有误；或者所用技术不当；或是这三者兼而有之。

不错，对外星智慧和生命的寻觅是人类历史上最具挑战性的科学探索之一，也是人类对自身起源的追溯。在此过程中，不乏对人类科学、文化、宗教和信仰的审视。正如阿西莫夫所言，无论我们在力图找寻这一问题答案时的作为如何，我们都将使自己受益。

《地球以外的文明世界》，［美］艾萨克·阿西莫夫著，王静萍、王世纲、孙乃修译，译林出版社；《地外文明探秘——寻觅人类的太空之友》，［英］迈克尔·怀特著，黄群、许晓鹏译，上海科技教育出版社；《外星生命探索：20世纪对地球以外生命的争论》，［美］斯迪尔·迪克著，李经、昌增益、李纬译，清华大学出版社。

令人惊异的断裂

理查德·洛夫《林间最后的小孩：拯救自然缺失症儿童》

2014年的清明小长假，我过的跟往常不一样。祭扫、踏青、赏花，放松一下心情，即便遭遇出行拥堵，也觉着比“闷”在家里舒服。生此感慨之时，我不禁又联想到与之相关且印象深刻的两件事情。

一是在3年前的一个春日，我携4岁小儿在北京莲花池公园转悠，于一汪小溪间发现有好些蝌蚪在游弋，惊喜异常。不成想，小儿竟漠然以对、无动于衷。我给他讲述少小之时我抓蝌蚪捉青蛙的经历，他眨巴着眼睛，像是在倾听一个远古传奇。

二是此前在一个名为“0岁开启自然养育之旅”的主题论坛上，听育儿杂志《父母必读》主编恽梅谈到一个引起诸多与会者共鸣的观点。她说：“今天，儿童生活存在着‘去自然化’的趋势，存在着‘自然缺失’状况，令人担心。孩子热衷于与电视、手机、平板电脑（Ipad）为伴，却因此错过本应与自然亲近的童年……。”

其实，岂止孩子，我们“大人”与自然，是不是也越来越疏离了？

“广阔、狂野、孤寂，这就是我们的自然母亲。像那猎豹，就在身边，优美，舔犊情深。不过，我们都早早地和自然母亲断了奶，钻进了只和人交往的社会。”早在一个半世纪以前，亨利·戴维·梭罗就这样写道。我想，这位热爱自然的美国作家倘若能够穿越到当下，一定会为人类与自然之疏离现状更感惊诧。

相隔如许时空，同样一位也十分关注自然的美国作家理查德·洛夫，则以另外一种方式就人类与自然的关系发出了他的警示。

话说1997年的一天晚上，洛夫与家人正在一个餐馆里吃饭，他10岁的儿子马修隔着餐桌，一本正经地向他发问：“老爸，为什么你小时候比起我们现在要有趣得多？”

洛夫一时不明就里，回问马修所指，孩子答道：“你总说起你小时候的树林和树屋，还有你经常骑马到沼泽地附近去玩儿。”

一开始，洛夫还以为儿子是因他的疏于关爱而生气了。平日里他确实常跟孩子说起诸如自己小时候怎样用细绳和动物肝脏在小溪中钓小龙虾的故事，而这样的事情孩子们如今已经很少去做了。跟许多父母一样，在描述自己的童年趣闻时，洛夫不免也总是会添油加醋，给那种生活增加了不少浪漫、想象的成分。可他又生怕如此夸张会让孩子们在玩耍和冒险时的快乐体验大打折扣。这一回洛夫意识到，儿子的问话是认真的——

他觉得自己的童年生活中少了一些重要内容。

两相对照，洛夫更是感同身受。与他年龄相仿的美国人，大都出生在战后婴儿潮时期或者再早一些。他们在成长过程中，理所当然地把自然视为生命的礼物，甚至下意识地觉得，下一代人也会跟他们一样。然而，在今天用惯了游戏机、手机和电脑的孩子们看来，他们这一代人的童年是那么自由和自然，简直不像是真的发生过。

其实，在孩子提问之前大约10年，即20世纪80年代后期，洛夫已然意识到某种变化。当时，身为记者和儿童权益倡导者的他正在为《童年的未来》做研究，写一本有关家庭生活新趋势的书，为此他在全美的城市、郊区和农村访谈了大约3000名儿童和家长。无论是在学校还是在家中，人们都会不时谈起孩子们同自然的关系。

比如，有家长提到："那时候我们总是在自然里玩。不出家门的孩子才是古怪的。"还有家长感慨："孩子们顺着山坡往下滑（雪），但是他们居然戴着耳机听音乐。他们不会独自欣赏自然的声音，不会自己玩，总要带点什么东西才行。"可对于一些孩子来说，在自然中玩耍似乎有点儿……没出息，古怪，搞笑，幼稚，危险，或是像电视里的情形。

"我更喜欢在屋里玩，因为只是屋里才有电源插座。"圣迭戈哥一名四年级小学生保罗说出的这句心里话，最让洛夫感到震惊，后来他在许多教室里都听到过类似的话。

时代变了！

在过去的一个世纪里，对自然从功能型的利用，到浪漫的眷恋，再到电子时代的隔绝，伴随工业化、城市化和社会现代化的进程，人类渐渐远离了山川、森林、溪流和原野，成为穴居在钢筋水泥丛林中的动物。我们置身于物质充裕的信息时代，生命的信息却有所缺失。

事实证明，“去自然化”的生活导致一代人正在逐步脱离自然，特别是，儿童与自然之间的联系出现了“令人惊异的断裂”。不仅美国如此，世界上许多地方也一样。

对于当下儿童成长过程中存在的这种现象，洛夫称之为“自然缺失症”。具体而言，它用以指代人类因疏远自然而产生的各种表现，如感觉迟钝、注意力不集中、肥胖率增加、生理和心理疾病高发等。

“自然缺失症”当然不是一个医学诊断。虑及我们的文化术语如此依赖于疾病模型，起初洛夫在引入这样一个说法时多少有些犹豫。不过，这倒有助于凸显相关研究在各种文化变迁中的重要性。洛夫希望随着研究的深入，会有更恰当的定义出现。

在深入调查、研究的基础上，洛夫把他的担忧、思考和建议，写在了《林间最后的小孩——拯救自然缺失症儿童》一书中。他以多项研究成果和多人的亲身体验告诉读者，与自然的联系能对人的心理、生理和精神健康产生积极的作用。孩子们怎样面对自然，以及将来他们怎样教育自己的后代面对自然，将会决定未来我们的城市、家庭与我们日常生活的形式和状态。

不止于忧虑和警示，在书中，作者还为救治儿童的“自然缺失症”，唤醒孩子们回归自然的天性，提出了传统方式之外的一系列建设性主张，如通过改造荒地或空闲土地而进行绿色城市设计、建设“农场学校”和“野生化的城市”、对本真的自然环境及自然形态的保留和兼容等。

《林间最后的小孩》自2005年出版以来，已经被翻译成多国语言的版本，产生了一定的影响。作者2009年为该书中文版所写的序言提到：不久前，由国际自然保护联盟（IUCN）发起的世界性环保大会在巴塞罗那召开，与会组织就认可孩子回归大自然的重要性通过了一项决议。大会要求国际自然保护联盟应该发挥领导作用，把帮助其成员国“重建人们——尤其是青少年——与大自然的亲密关系”作为所有工作的优先考虑条件，以此确保对子孙后代的生存环境负责。

通过阅读此书，许多人认识到，我们的社会已经去自然化了，电视和互联网已经极大地取代了自然在孩子们生活中的地位。我们的孩子正处于一场巨大的实验之中——他们是第一代在成长过程中没有与自然界进行有意义的接触的孩子。而这本书为如何修复人类与自然的关系和改善孩子们的健康，提供了明智的建议和重要的方法。每个家长都应该阅读这本书；同样重要的是，每名教师都应该加以重视，并把每个孩子带到自然中去。

《林间最后的小孩——拯救自然缺失症儿童》，[美]理查德·洛夫著，自然之友译，郝冰、王西敏审校，湖南科技技术出版社；《自然法则》，[美]理查德·洛夫著，李晓楠、胡敏杰译，新世界出版社。

为什么不讲讲动物的私生活呢

康拉德·洛伦茨/《所罗门王的指环》

与知觉和对美的感受密不可分的描述性科学，似乎一向不被“主流”科学界所重视，甚至还受到一定程度的蔑视。有人认为，只有“灰暗无聊”的东西才是“科学的”。然而，这在奥地利动物行为学家康拉德·洛伦茨（1903—1989年）看来，完全是个错误的认识。遗憾的是，它却很流行。

在那些真正获得巨大成就的生物学家中，只有少数几个人不是为其研究对象的美所吸引而为之倾注一生心血的。可洛伦茨却敢断言，那些动物行为学家，绝对没有一人不是这样的。

洛伦茨的亲身经历，就是这个断言最生动的注脚。而他撰写的动物行为方面的通俗著作《所罗门王的指环》，更真切地表达了他眼中“动物朋友身上的无限美妙”。

话说20世纪40年代末的一个初夏，在奥地利东部靠近阿尔腾堡的多瑙河湿地，洛伦茨与他的朋友兼助手阿尔弗雷德·塞茨，身穿游泳裤，挎着摄像机，抬着独木舟，带着一支奇怪的队伍在美景间缓慢地穿行。

打头的是一条大红狗，后面跟着的动物有10只半大不小的灰雁，13只吱吱叫的小野鸭，1只模样奇特的“丑小鸭”（红色秋沙鸭和埃及雁的杂交种）。

他们打算为灰雁拍摄一部纪录影片。

到达一处风景如画的水塘之后，作为摄影师的塞茨即开始紧张的工作，而作为“科学指导”的洛伦茨，此时的主要“任务”则是躺在水边柔软的草地上，闭目养神晒太阳。他能听到水蛙懒洋洋地呱呱叫，黑顶林莺正唱着欢快的歌儿，还能听到稍远处塞茨给摄像机上发条的声音，以及塞茨抱怨游来游去的小野鸭总是闯入画面（此刻他只想让灰雁出现在镜头中）。

昏昏欲睡之时，洛伦茨突然迷迷糊糊地听到塞茨生气地叫道：“唧唧唧，唧唧唧！哦，不，我想说，呱，咯咯咯咯，呱，咯咯咯咯！”洛伦茨一下子笑醒了：塞茨本来是想把小野鸭赶走，但却错误地用灰雁的语言和它们对话。

就是在这一刻，创作一本书的念头第一次出现在洛伦茨的大脑中。“因为没有人能一起分享这个笑话，赛茨正忙着工作呢。我想：把这个笑话讲给别人，其实还不如把它分享给每一个人。”

为什么不这样做呢？洛伦茨寻思：比较生态学学者的工作，就是要比别人更透彻地了解动物。为什么不讲讲动物的私生活呢？毕竟科学家应当用大众可以了解的方式，告诉大家他在做什么，每个科学家都应当将其视为己任。

当然，洛伦茨想到的不止于此。在1949年夏为《所罗门王的指环》德文版撰写的序言中，洛伦茨写道："为了能够确切地描写动物的故事，一个人必须对所有的生命，都怀有一份发自内心的真感情。这点你们完全可以放心，我就是这样的人。"

他坦言，他生平所写的这第一本书固然是源自他对动物之爱，但更是出于他对民间流行的动物行为学著作的愤怒。因为，（当时）有那么多假装内行、欺世盗名的作家任凭自己的观点和喜好来描写动物，写了好些"糟透了的、虚假不实的动物学著作"，譬如让蜜蜂扯开喉咙大声尖叫、让梭鱼在战斗中扼住对方脖子之类。"我必须承认，如果我这一生中曾因为愤怒而做过什么，那么纯粹是由于看不惯这些动物书籍的胡扯。"

身为"动物行为学之父"的洛伦茨持有这样一种观点：只有真正熟悉动物的人，才有资格使用拟人化手法描述之。艺术家在塑造动物形象时固然不必一定要做到科学上的精确，然而，他如果只是惯用僵化的形式，来掩饰自己在准确度方面的无能，那么其作品只会加倍糟糕。……因为真相本身就已经很迷人了，你只要举出事实（正如进行任何严谨的科学研究工作一样），就已经足够向读者说明动物的美了。如果我们忽略表现真实中的美，我们的描述或描摹也是不完全符合真实情况的。如果一位研究者整天泡在实验室里，与生机勃勃、丰富多彩的大自然毫无接触，那么，他在工作中所设想出的问题就很容易偏离事物真正的本质，即便他搞出一些名堂，也是微不足道的。

的确，大自然展现了令人着迷而又使人敬畏的美，你越是深入探究每一个细节和每一项特点，就越能发现它的美。洛伦茨的经验是，你对大自然知道得越多，就会更深刻、更持久地为它迷人的真相所感动。那些成果丰硕的优秀生物学家，都是发自内心地欣赏造物之美，因而以此为终生志向，并由于研究工作而增长的知识，反过来更加深了其在欣赏大自然和工作时的乐趣。

洛伦茨喜欢观察动物的生活，他说："我写的每一部科学作品都出于这份喜爱。只有直接的、没有任何假设的观察，才能向科学家展示全新的意外的发现。"《所罗门王的指环》结合作者观察、研究及个人体验，以富有诗意的语言，描述了鹦鹉、斗鱼、水鼩、寒鸦、野兔和狼等许多动物不同的本性、行为和趣闻。其最初的德文版名为《与鸟兽虫鱼的亲密对话》。

书之开篇，洛伦茨引述了英国作家鲁德亚德·吉卜林的一首小诗，表明其旨趣所在，诗云："从来没有哪个国王，能够像所罗门这样，他可以和蝴蝶说话，就像两人闲聊家常。"此中所罗门王，即是《圣经》中提到的大卫之子、智慧之王，他"讲论飞禽走兽，昆虫水族"。《圣经》原意是说所罗门讲到了动物，但却被误解演绎成所罗门能够与动物对话，而他的魔力关键，则在于他手上所戴的戒指。

由于将科学知识与文学趣味很好地结合在一起，《所罗门王的指环》问世半个多世纪以来一直广受赞誉，一再被重印，成了风靡世界的科学人文经典。它曾名列纽约图书馆推评的20世纪十部最佳自然科学著作之首，还曾入选中国科学家推介的"20世纪科普佳作"。1950年1月，洛伦茨在该书一个新的版本前言中写道："希望亲爱的读者能够通过我的书，对动物朋友身上的无限美妙略有所知。”

对于“动物朋友身上的无限美妙”，《所罗门王的指环》一书中有许多精彩的描述，也不乏作者由此生发的感悟与哲思：

有一次我沿着多瑙河散步时，听到了一只渡鸦响亮的叫声，我也叫了一声回应它。这时，处在高空的大鸟收起翅膀冲了下来，速度快得让人窒息，我感到一股气流向我涌来。突然它张开了翅膀减速，落在我肩膀上时，轻若鸿毛。这一刻我觉得它所做的一切坏事都得到了补偿，我养的这只渡鸦不知撕坏了多少书、多少次捣毁鸭窝。这种奇妙的感觉，并不会因为重复经历而消失，哪怕天天都这样，我仍然感觉这事很神奇。

我很少嘲笑动物，如果我嘲笑了动物，事后通常会发现，我嘲笑的其实是我自己，是人类，因为那是动物在多少有些无情地、讽刺地扮演我们。……有经验的观察者不会嘲笑动物身上的怪异之处，经常让我生气的是，有些人在逛动物园或水族馆时，看到动物超出寻常的身体形状时会嘲笑它们，其实这是长期进化适应的结果。他们所嘲笑的，在我看来却是十分神圣的：生命起源之谜、创造和造物主之谜。变色龙、河豚或食蚁兽的怪异模样，在我心中引发的不是好笑，而是一种敬畏之情。

让洛伦茨深感遗憾的是，今天，大多数人在日常生活中只跟没有生命的、人造的东西打交道，他们已经忘记该如何理解有生命的生物，如何跟它们相处，从而导致整个人类如此无情地摧残生机勃勃的大自然。所以他认为，重新建立人和地球上其他生物的联系，是一个崇高而重要的任务。

1973年，因对动物在自然环境中之行为模式的研究，而在个体和社会行为的构成和激发方面做出了重大贡献，洛伦茨与卡尔·冯·费舍尔和尼古拉斯·廷伯根共同分享了诺贝尔生理学或医学奖。他的亲密朋友与合作伙伴廷伯根称他为“动物行为学之父”。

晚年的洛伦茨对人类行为和人类文化尤为关注，同时将所思所想转移到了社会伦理方面。他意识到近代以降人类所做的事情，对自然环境和人类文明的危害与威胁越来越大。其实，这些看法和忧虑在《所罗门王的指环》中已然露出端倪。该书最后一章（第十二章）名为“道德与武器”，它由动物行为引申提出了一些发人深省的问题：

打斗中的狼不会咬断同伴的脖子，乌鸦也不会去啄同类的眼睛。所有的动物都通过进化获得了自己的武器，进化的过程也塑造了它们的冲动与禁忌，以避免危及种族的生存。“如果这就是自然的精心安排，人的所作所为岂不令我悲哀？”（英国诗人华兹华斯诗句）鉴于人类创造了身体以外的武器，却毫无节制地使用，我们是否也该拥有充分的禁忌？人类会不会有一天因为自己的发明而毁灭呢？

《所罗门王的指环》，[奥]康拉德·洛伦茨著，刘志良译，中信出版社；《灰雁的四季》，[奥]康拉德·洛伦茨著，姜丽译，中信出版社；《狗的家世》，[奥]康拉德·洛伦茨著，张冰洁译，中信出版社；《人性的退化》，[奥]康拉德·洛伦茨著，寇瑛译，中信出版社；《文明人类的八大罪孽》，[奥]康拉德·洛伦茨著，徐筱春译，中信出版社。

从非主流领域跳出怪圈

林恩·马古利斯/《生物共生的行星：进化的新景观》

1998年，60岁的美国生物学家林恩·马古利斯（1938—2011年）出版了她的独著《生物共生的行星——进化的新景观》。这是一本离经叛道色彩甚为浓厚的著作，但作者心气颇高，期望她这本关于行星生命和行星进化的书，能够教会读者用一种全新的关于生命的观点，去看待她倾注了一生心血的连续内共生理论（Serial Endosymbiosis Theory，简称SET）和盖亚假说。而连续内共生理论和盖亚假说，以及这两者之间的联系所形成的核心理论，正是她一生研究的重要课题。

按照马古利斯的讲述，还在念研究生时，她就觉得"（细胞）核内基因决定动植物所有特征的想法有些过分，有点太肯定、太简约了。随机的基因突变，怎么能够进化出花朵和眼睛来？"她还意识到，强调遗传学和化学的联系已经给科学家带来了一个不必要的狭窄视野，致使他们过分注重细胞核，而无视业已出现的一些新发现和新见解——这也正是马古利斯跳出这一“怪圈”的起点，尽管它开始于非主流领域。

时至1963年，已有许多研究论文提到卵子的细胞质因子显示了神秘的、位于细胞核之外的基因。还有一些研究者描述的实验说明：身处细胞被膜内但位于细胞核外的质粒和线粒体这两种细胞器，对遗传也有着显著的影响。正如胚胎学家和植物学家不断指出的那样，在植物和动物的卵细胞中，细胞质基因或细胞质因子并不在细胞核内，但仍然还要参与控制后代的性状。细胞核外面的因子被发现对有氧呼吸（线粒体）和叶子的颜色（叶绿体）有重大意义。换句话说，基因不一定都在细胞核内，植物和动物的某些细胞遗传因子是分散的。

沿着上述思路进一步研究，马古利斯渐渐明确了一个观点：在细胞里面有着双重遗传系统；被主流生物学界视为“另类”的几位前辈研究者的一个假说——非细胞核部分与它们的特殊遗传，实则为过去独立生活的细菌的残迹——是正确的。在他们看来，不同的生命形式为了共同的利益而彼此合作，机体进行接触并长期生活在一起，在某些情况下将会导致“共生发源”：出现新细胞、新组织；而通过共生发生的合并，则形成了新的器官和物种。马古利斯证明，这是进化中的一个最根本的事实。她深信，大多数过去，乃至现在，在进化过程中出现的新事物是直接起源于共生的。

也就是说，共生对于理解物种的起源和进化的创新能力有着决定性的意义，过去乃至现在在进化过程中出现的新物种直接起源于已有物种间的共生吞并。这对人们所认定的进化的主要机制——基因的随机突变，无疑是一个不小的挑战。1981年的时候她指出："……共生允许进化以这种方式大踏步前进。共生的生物可以从简单的结构跃进到复杂的结构，其速度远远超过一个以正常的基因突变过程进化的生物。"在此书中，马古利斯用富有诗意的语言作了如下描述：

"关于共生在进化中重要性的发现，迫使我们去修正将早期核中心论的进化视为类似动物之间的血腥斗争的观点。自然界的现实可能是'染红的爪牙'，但对个体的偶然漠视，并不能排除共生开始于不同生命形态之间的艰难联合这一事实，这可能是重大的进化创新性起源的主要背景。……细胞互相在对方体内生活，是一种比人类的有性生殖更加深刻的互相渗透和同化，它创造了从红花绿叶春色满园、温热湿润的动物躯体，直到地球的全球性联系的万事万物。"

就人们所理解的传统观念而言，任何生物的历史都常常用一棵家系树来描绘。家系树通常从地面向上生长：从一支主干上分支出许多不同的世系，每一支世系都来自一个共同的祖先。但是共生学说指出，这样的生命树是对过去之历史一种理想化了的描述。实际上，生命树通常按照它自己的方式生长。物种走到一起，融合，形成新的生物，这新生物又要重新开始。生物学家把合并到一起的分支——不论是血管、树根还是菌丝——统称为"并接"。并接是使枝桠形成"网"。生命之树就是一个弯曲扭缠、活生生的实体，它地下的根连着空中的枝桠，生出了奇特的新果实和杂交品种。

1967年，在经历了15次退稿和一次原稿丢失之后，马古利斯关于连续内共生理论最早也最完整的陈述，终于以《有丝分裂的起源》为题，发表在《理论生物学杂志》上。随后，她又将这篇论文扩充成一本书《真核细胞的起源》。此书出版后在生物学界引发了巨大的震撼。马古利斯与她的学说遭到了普遍的嘲笑和奚落。

有一次，她给一位同行寄去手稿请求评论，此人的回应竟然是："滚出我的领域去！" 有一位植物学教授多年以后回忆说："当我还是个本科生的时候，有两个理论经常被拿出来做反例，以显示科学上的假说可以牵强到何种地步——一个是大陆漂移学说，还有一个就是内共生学说。"

然而，"激进"的共生发源学家马古利斯始终坚持这个"不受欢迎"的想法，并不断地"在生物学那些布满灰尘的角落里去搜集证据"。她深信，在那个看似离谱的假说的脚本中，古老的合并者的遗迹，是能够在一切有核细胞的现代行为和化学反应中检测到的。

好在连续内共生理论只沉寂了十多年就被主流生物学界部分地接受了，这主要是因为，分子生物学家对线粒体、叶绿体基因和细菌基因作了比对，发现二者有很高的同源性，但这也足以说明问题了。1983年，马古利斯入选美国国家科学院院士，并成为俄罗斯自然科学院三位美国成员中的一员。1998年，即在获颁美国国家科学奖章的前一年，马古利斯在《生物共生的行星》一书中写道："今天我惊讶地看到，一个简明的连续内共生理论版本作为已经证实的真理，被编入了高中和大学的教科书。"《自私的基因》一书作者、英国著名生物学家理查德·道金斯则称赞她"有超然的勇气和毅力来坚持自己的内共生起源假说，并最终实现了其从异端到正统的转变"。

晚年辉煌但仍有心愿未了的马古利斯，在回顾自己的科研生涯时曾感慨：许多环境是不容忍独特、有见地的科学发现的，特别是那些使我们原以为正常的宗教文化感到不安的观点。同为人类，我们都一样迷恋那些熟悉的、与主流思想一致的观念，以至都已经淹没在我们“安全的”现实思维之中。这种传统文化的束缚可以称作“经过训练的无能”、“思维共性”或者“现实的社会构建”。由是，所有的人都背负着沉重的语言、民族、宗教和辈分的精神负担，难以感受新的观念。

马古利斯之所以能够取得杰出的创新成就，跟她在芝加哥大学所受的“特殊”教育关系极大。在马古利斯看来，这所名校的科学教育是一流的。一整套方法诚实开放、切实可行，似乎很难允许出现今天那种“技术僵化”精神状态的存在。那里讲授的科学有利于在哲学和科学融合的地方提出深刻的问题：我们讲授的是什么？我们和宇宙由什么构成？我们是从哪里来的？“我毫不怀疑我之所以选择科学为终生事业，正是由于受惠于这种‘独特的’教育。”

在马古利斯所接受的科学教育中，关键的一步是那长达一年的自然科学第二课堂的学习。她在这个课堂所上的生物课不是读教科书，而是阅读那些伟大的科学家的原著。按照第二课堂所学的，科学是一种艺术，一种求知的途径，学生们被教导怎样通过科学去寻求重大哲学问题的解答。深层次的遗传问题正是首次在第二课堂吸引了她并激励她走到了科学前沿。

20世纪70年代，在连续内共生理论初获承认之后，马古利斯对相关问题做了更深入的思考：也许内共生这个学说的适用范围应该扩大，它并不限于原始的细菌和真核细胞，而是更广泛地存在于各种生命之间。较大的生物及其新器官和器官系统，可能也都是通过共生发源进化而来的。换言之，也许共生才是进化的根本动力，个体间的生存竞争是次要的。

上述想法与盖亚假说的首创者詹姆斯·洛夫洛克的观点十分契合。洛夫洛克认为，地球大气中的气体成分、地表的岩石和水的情况受生物生长、死亡、新陈代谢和其他活动有规律地调节。1975 年，马古利斯与洛夫洛克联名发表论文，正式确立了盖亚假说的纲领：地球上的全部生命和一大部分非生命物质形成了一个复杂的整体，维持着一定的环境条件，使得生命可以在其中生存。简单地说，就是把地球生物圈（生命存在的地方）看作是一个单一的、自我调节的实体：地球是活的。马古利斯的一个学生格雷格·欣克尔风趣地形容道："盖亚假说正是从太空看到的生物共生现象！"

不过，在同行们看来，这一回马古利斯的步子可能迈得太大了。晚年功成名就的她，也变得愈发固执——或许，那是执著呢。

《生物共生的行星——进化的新景观》，[美]林恩·马古利斯著，易凡译，上海科学技术出版社；《倾斜的真理：论盖亚、共生和进化》，[美]林恩·马古利斯、多里昂·萨根著，李建会等译，苏贤贵校，江西教育出版社；《我是谁：闻所未闻的生命故事》，[美]林恩·马古利斯、多里昂·萨根著，周涵嫣译，王月瑞校，江西教育出版社；《我的另一半：性和欲望的本质》，[美]林恩·马古利斯、多里昂·萨根著，王月瑞译，江西教育出版社。

关于转化与艺术的“科学”

彼得·马歇尔/《哲人石：探寻金丹术的秘密》

“炼金术是什么？”这是一个简单的问题，同时又是一个会引出无数答案的问题。这便决定了对于这个问题，不可能得到完全令人满意的答案。与此相关的另外一些问题则是：炼金术究竟源于何方？为什么它在几千年前的远东和中东分别出现？在差异如此之大的文明之间，为什么会有如此相似的主题？千百年来它为什么吸引了那么多伟大的思想家为之苦苦探索？它在多大程度上揭示了自然和人类灵魂的秘密？

而在现代科学的视野之中，炼金术长期以来形象不佳：客气点说，它是人类早期对自然的一种探索，是前科学时代迷信的产物，是科学的一种怪诞形式；不客气地说，它是人类智力生活的疯狂边缘的一部分，是一种哲学和精神上的胡言乱语，是一种危险的异端，与魔法和巫术无异。

不过，对金丹术（炼金术的另一种提法）怀有浓厚兴趣和好奇心的一位英国哲学教师、思想史博士彼得·马歇尔并不这么看。他花费数年时间行走世界各地（包括中国），去探寻金丹术的确切本质究竟是什么，写成了洋洋45万字的《哲人石：探寻金丹术的秘密》一书。他把金丹术看成是关于转化与艺术的科学，是一种融哲学与宗教、心理学与艺术、理论与实践、幻想与实验于一体的“神圣科学”，并且展现了发现古代智慧的迷人前景。

几乎与此同时，德国化学家和化学史家汉斯·魏尔纳·舒特也写成了一部多达43万字的专著《寻求哲人石——炼金术文化史》，展现了一帧既绚丽多彩又极尽细腻的炼金术的巨幅画卷。这里提到的哲人石（“Philosopher's Stone”），又称贤者之石（近年来由于受《哈利·波特》小说翻译的影响，也叫做魔法石），是将贱金属转化为黄金，并且会获得长生不老的物质。几个世纪以来，它的强大魔力一直让探险家、神秘主义者以及科学家迷恋不已。因为据说，哲人石不仅是制取黄金的关键，而且是破解存在之谜、揭开长生不老之秘密的关键（这颇为类似中国古代炼丹术士的主要目标——寻找一种“长生不老药”）。

这两部著作都提到了牛顿和波义耳（近代化学的重要奠基人之一），他们既是著名的科学家，又是执著的、颇有影响的炼金术士。从一定意义上讲，后一种身份似乎对他们的科学声誉已然造成了某种程度的损害。然而，美国著名数学史家，贝尔在其名著《数学大师》中特别为牛顿写了如下一段文字：“牛顿除了从前人那里继承的科学和数学知识以外，他还从他那个时代的精神中接受了另外两个礼物：对神学的热情和对炼金术奥秘的遏止不住的渴求。谁要是指责牛顿把他无比的智力用于这些现在看来根本不值得他认真对待的事情上，那就是在指责自己。因为在牛顿的时代，炼金术就是化学，人们还没有看出，在炼金术里实际上并没有多少东西——除了要从它产生的东西，即现代化学。牛顿作为一个天生具有科学精神的人，恰恰是通过实验去探索炼金术士们的主张是怎么回事的。”

炼金术的英文是Alchemy，从词源上看，它与化学Chemistry应该大有关系。英国著名科学史家W. C. 丹皮尔在其名著《科学史及其与哲学和宗教的关系》第一章“古代世界的科学”中，专门设有一节“炼金术”。他提到，炼金术士相信，物质本身并不重要，但其特性却是实在的。人的肉体由同一种材料做成，可人的善恶并不是由于改变他们的肉体，而是由于改变他们的灵魂造成的。因此，改变金属的特性，就可以改变金属。他们说，工匠对这一点深有体会。……凡金属都力求朝着不怕火炼的黄金的理想灵魂提高自己。在炼金术士看来，物质的本质不在于它的质量和它的具体的物理特性和化学反应（我们现在看来，应该是如此），而在于亚里士多德所说的色彩等很容易改变的特性。因此，如果一种金属具有了黄色和光泽等黄金的基本特性，它也就变成了黄金。

丹皮尔指出，真正的科学——化学，是从失败和堕落了的炼金术中脱颖而出的。他还把炼金术与占星术连带起来做了一个评价，认为两者都有一个根本性的基础，那就是对自然的观察和理性的思想，虽然这种思想大半是错误的。因此，占星术和炼金术在天文学与化学的早期发展中都起了真正的、高尚的作用。

如果我们把科学定义为针对一个认识客体、按照一定系统组成的知识的话，我们便不能说炼金术不是科学。由于炼金术研究的是自然，而且是通过实验，因此可以将其称为自然科学，甚至是最古老的自然科学。因为在自然哲学里不存在科学特有的实践与理论的联系、脑力劳动与体力劳动的联系。炼金术没有遵循“通过推翻取得进步”的原则，也许这不利于称其为自然科学，但在这样看的时候，我们眼中看到的是现代自然科学。

舒特也认为，在那些注释性和诠释性的科学分支中，炼金术似乎在今天也能占有（当然是非常）独特的一席之地。当时人们把哲人石称作它的研究对象，但实际上该对象是不存在的，因而就认定炼金术没有研究对象，所以不是科学，那么这个理由实际上也是站不住脚的。因为即使在今天，还能找到类似的“科学”。大批的专家在研究“慢性疲劳综合征”或者“海湾战争后遗症”，而一些可怕的病症，如“出于社会原因”的歇斯底里却无人问津。至少对于炼金术士自己来说，他的研究对象存在着，因为它的内心信念使他可以进行逻辑上的反推理：不是因为石头存在，他才去追求；而是因为它追求石头，所以石头必然存在着。

如果我们把炼金术意义上的转化与化学意义上的转化进行比较，就可以更清楚地看到：位于炼金术中的转化思想背后，是一个价值化的自然观。根据这个自然观，炼金术要将物质从低等过渡到高等，从（价值意义上的）不好过渡到较好这样的一个过程是个单向道，基本上是把不大“通灵”的物质引导成为比较“通灵”的物质，同时也要使人变得更“通灵”。而化学对物质具有的道德意义上的价值论一无所知。

如此看来，炼金术方面的秘密与化学方面的谜之间有着明显的区别，这种区别同时表现了两种对待自然的思维方式：一种可以称为综合性的主观思维方式，另一种可称为分析性的客观思维方式。换句话说，炼金术本质上是对秘密的诠释，而化学是解谜的过程。由于炼金术士与化学家接近自然的角度完全不同，我们也就有了理解两种不同行为的钥匙，明白一个人可以既是炼金术士同时又是化学家了。由此我们也能理解：哦，人还可以有其他的思维方式。

《哲人石——探寻金丹术的秘密》，[英]彼得·马歇尔著，赵万里、李三虎、蒙绍荣译，上海科技教育出版社；《寻求哲人石——炼金术文化史》，[德]汉斯-魏尔纳·舒特著，李文潮、萧培生译，上海科技教育出版社。

“虚幻的错觉”与“有智的崇拜”

卡尔·萨根/《卡尔·萨根的上帝：上帝探究之个人见解》

没有证据表明上帝的存在，为什么许多人还是坚持信仰上帝？

对于这样一个很难简单作答的问题，英国皇家科学院院士、牛津大学教授理查德·道金斯在2006年出版了厚厚一大本书，名为《上帝的迷思》。在道金斯看来，上帝作为一种假说，不能得到科学的检测；上帝的存在是人类的一种“虚幻的错觉”。

而道金斯的同胞、著名理论物理学家斯蒂芬·霍金在其新书《大设计》中则直截了当地宣称：“由于存在万有引力等定律，因此宇宙能够，而且是从无到有自己创造了自己。‘自然创造说’是有物而非无物存在的原因，是宇宙和人类存在的原因。没必要借助上帝引燃蓝色导火线，让宇宙诞生。”这意味着，霍金不再相信上帝是宇宙的造物主，并且放弃了此前一直秉持的神造论与科学并不矛盾的看法。简言之，霍金认为是物理学定律创造了宇宙，而并非上帝所创造。

这本书2010年9月一出版，在西方就遭到了口诛笔伐，因为反对者认为此书试图用科学论证来否定上帝的存在。一些神学家更是火冒三丈，声称造物主的存在根本就不属科学范畴，此书在哲学上不能自圆其说。随后，霍金针对这些指责回应说："上帝或许是存在的，但科学不需要造物主就能解释宇宙。"

霍金近年来面对人们的提问——你相信这个宇宙有上帝吗？——通常的回答是："我不知道"。但他以前显然接受了上帝创造宇宙的说法，或者说接受了造物主存在的可能性。他在1988年推出的《时间简史》的结语中写道："如果我们确实发现了一套完整的理论，……那将是人类理性的最终胜利——因为那时我们应该知道了上帝的心智。"这个具有戏剧性（或者是恶作剧？）的结尾——按照理道金斯的说法——受到了广泛的曲解。"这让人们错误地相信，霍金是一个信奉宗教的人。"

著名科学家"卷入"科学与宗教之争，古已有之，并不稀罕；甚至，当代著名的科学家中也有宗教徒。作为科学家阵营的代言人，道金斯完全站在科学的角度来审视宗教，他所持之立场反映的是一种科学与宗教互不相容的观点；科学家阵营中的温和派则主张科学与宗教分属两个不同的领域，属于不相重叠的权威，套用《圣经》的一种表述方式就是：该给科学的给科学，该给宗教的给宗教。而信奉宗教的科学家亦为数不少。美国的一份医学杂志曾报道，据抽样调查，美国的医生中，有76%相信上帝，59%相信某种死后生命，55%相信宗教信念与医学治愈率存在某种正相关性。

关于科学与宗教之关系这个话题，《卡尔·萨根的上帝——上帝探究之个人见解》颇有新意，值得一读。这是卡尔·萨根（1934—1996）于1985年在著名的苏格兰吉福德讲座上演讲内容的收录。在这次讲座中，萨根触及的是一个深刻且难以说清楚的问题——上帝是否存在？或者更确切地说，我们证明上帝存在/不存在的方法。

据此书编者、萨根的夫人安·德鲁扬回忆，作为一名杰出的天文学家和科普作家，萨根不能接受分而治之的生活：一面在实验室信奉一套假定，一面为安息日保留另一套与之矛盾的假定。他对上帝的观念太过认真，所以必须用最严格的标准加以考究。他不明白，《圣经》中描述的永恒而全知的上帝怎么会心安理得地对创世持有如此多的根本性误解？如果上帝是全能的，那为什么他不能让世界没有痛苦？人类作为新来者不过刚刚开始研究宇宙，为什么《圣经》中的上帝对自然的知识远不如我们丰富？

萨根也不能容忍《圣经》中描述的年龄仅仅为6000岁的扁平大地，他觉得人类与所有其他生物是分别创造出来的说法尤其可悲。无数显而易见且令人信服的证据表明，人类与所有生物的确存在相关性。在萨根看来，达尔文关于生命是通过自然选择，历经数不清的年代进化而来的见地，不仅比《创世记》更为科学，而且提供了一种更深刻也更令人满意的精神体验。

在一场讲座之后的问答环节，针对听众提问“科学会不会有一天拿出证据来证明上帝的存在？”萨根说道：对这个问题的回答在很大程度上取决于上帝的含义。“上帝”这个词可以涵盖大量互相排斥的概念。我相信在很多情况下，各种含义之间的差别被有意模糊化了。这样做的用意是，当别人谈论的不是他们的上帝时，没有人会受到冒犯……。

萨根评说上帝时态度是“温和”的，他重证据，也善于讲道理。他有句流传甚广的名言：非同寻常的结论需要非同寻常的证据。道金斯评价他时说过，萨根“将传统信仰者渺小、狭隘而原始的世界甩在身后，他超越了沉迷于褊狭的精神贫瘠之中的神学家和牧师”，后者“拥有青铜时代的神话、原始的迷信和幼稚的妄想，而萨根却拥有整个宇宙。”

萨根认为，科学在某种意义上就是“有智的崇拜”。我们不能把求索真理的路途中迈出的任何一步神圣化，神圣的只有求索过程本身。他提示说，随着科学的进步，上帝可“做”的事情似乎越来越少。不过，宇宙很广大，需要他、她或它的地方很多。然而，很明显，展现在我们眼前的是一个“填补空白的上帝”。也就是说，凡是我们目前不能解释的事物，都可归因于上帝。

后来，我们能解释了，这种事物也就不再是上帝管辖的范围。于是，神学家就会放弃这个事物，将它归入科学的职责。这种情况我们已经司空见惯。如果真的存在西方宗教中的上帝，那么，事实上是上帝在不断地迁移：他启动了宇宙，建立了自然法则，然后就隐退了，或者去了其他地方。

上帝的存在能否证明？今天的哲学家已经取得了一个共识，即上帝的存在是无法证明的。当然，这并不是说上帝不存在，而仅仅意味着上帝的存在是无法加以理性证明的。

《卡尔·萨根的上帝——上帝探究之个人见解》，[美]卡尔·萨根著，张江城译，海南出版社；《上帝的迷思》，[英]理查德·道金斯著，陈蓉霞译，海南出版社；《大设计》[英]斯蒂芬·霍金、列纳德·蒙洛迪诺著，吴忠超译，湖南科学技术出版社。

用艺术手法表达科学观察的结果

让-亨利·卡西米尔·法布尔/《昆虫学忆札》

从法国南部山区一个贫困小村庄走出来的让–亨利·卡西米尔·法布尔（1823—1915年），打小就对自然界的事物特别感兴趣，并且“具备观察的细胞”。他自称“虫子观察迷”，立志做一个为虫子写历史的人。但在他20岁出头的时候，数学一度是他“压倒一切的大事”，他甚至曾经“对自己采取了强硬态度”，可劲地要将虫子从自己心中排斥出去。

这么做，在很大程度上是对现实生计的屈从。因为，当时未能纳入教育界正规教学的自然史不能给法布尔解决任何问题。令他忧虑的是，“我们怀着自己的心愿而特别珍爱过的东西，到头来会凄惨地毁在现实的利爪之下。”于是，他在学了数学之后又学了物理、化学。他当过老师，卖过汽水，还做过修筑铁路的小工。他一直梦想能够登上大学的讲台、开辟一个独立的昆虫学实验室。

1849年，在被派往科西嘉岛的阿雅克修中学教物理和化学时，来自大自然的诱惑让26岁的法布尔更难抵挡。特别是在结识了一位名叫摩根·丹东的博物学家后，法布尔更动了改弦易辙的心思。摩根·丹东似乎也看出来了。他诚恳地对法布尔说："就此放弃您的数学吧。没人会对您的公式感兴趣。到虫子这边来，到植物这边来。如果正像我所感受到的一样，您的血管里藏着某种热情的话，那么您一定会看到有人将等着听您的话。"

1854年，法布尔获得托尔斯大学博物学学士学位。他选定昆虫学作为自己的研究方向，同时仍兼教职。间或到野外观察昆虫、撰写观察笔记，或者做一些相关实验，还抽出时间创作了不少天文学、化学、动植物方面的科普读物。而他根据昆虫生态观察记录撰写的论文，也陆陆续续发表在专业期刊上。

不过，这样的文章读者毕竟十分有限。法布尔忽然萌生了写书的念头，并且意识到自己在这方面条件优越：多年来他一直带着浓厚的兴趣持续关注昆虫，都是近距离地切身观察，相关记录非常仔细、详实。他设想，书的基本体例，就是撰写一篇一篇、一组一组的专题散文，准确记述观察得到的事实，并融入自己的思考和见解。

1879年4月3日，《昆虫记》第1卷出版。这一年，法布尔56岁。同年他买下一块荒地，取名为"阿尔玛斯"（荒地的意思），将其改造成自己的居所、书房和工作室，"一个活的昆虫学实验室"。他的初步打算是，大约每3年推出一卷《昆虫记》。

就是在这儿，这个乡人、邻居中的"疯子"，如入无人之境，着了迷似地观察昆虫的生态、求偶、交配、产卵或是冬眠、筑巢、蜕变、猎食、厮杀……，并一一记录在“案”，有时还做一些实验。他的这些工作，打破了过去只研究昆虫分类、解剖和形态的旧局面，为昆虫学开拓了一个崭新、迷人的园地，并且还修正了学界权威的一些错误观点。

观察、实验和研究的空隙，法布尔在那些丰富的有关昆虫的观察笔记、实验记录和科学札记基础上，于纸面上以艺术的手法来表达科学观察的结果，捕捉活脱脱的精彩瞬间，将他钟情的种种昆虫——蝉、螳螂、蚱蜢、蟋蟀、蝎子、松毛虫、圣甲虫……，用朴实、清新的笔调一一描述呈现出来。这些，连同他那不时诉诸其间的洞见与省思，还有自己成长、奋斗历程的叙述，俨然汇成了一曲生命的礼赞，同时也生动展现了他在科学观察方面的才能和精湛的文学创作水平。

像法布尔这样对昆虫观察之仔细、研究之深入、持续时间之绵长，在昆虫学界堪称罕见。英国生物学家查尔斯·达尔文在其《物种起源》中称他是一位“无以伦比的观察家”，而法国戏剧家埃德蒙·罗斯丹则赞誉他“像哲学家一般地去思考，像艺术家一般地去观察，像诗人一般地去感受和表达。”

当法布尔的研究遭到学界正统力量的责难时，他以自豪、犀利的言辞辩驳说：“你们是把昆虫开膛破肚，而我是在它们活蹦乱跳的情况下进行研究；你们把昆虫变成一堆既可怖又可怜的东西，而我则使得人们喜欢它们；你们在酷刑室和碎尸场里工作，而我是在蔚蓝的天空下，在鸣蝉的歌声中观察；你们用试剂测试蜂房和原生质，而我却研究本能的最高表现；你们探究的是死，而我探究的却是生！”

时光悠悠。法布尔一直过着清贫而又充实的生活。步入中老年之后，他已因《昆虫记》赢得了巨大的声誉，被冠以“昆虫世界的荷马”等美名。80岁时，法布尔着手写《昆虫记》第9卷，他写信告诉弟弟：“我好像可以长生不老，现在仍在继续昆虫研究。”而且“越掘越深，觉得自己的锄头朝着越来越有价值的无尽宝藏挖下去似的。”

1907年，《昆虫记》第10卷出版。此时法布尔已经84岁。两年后，他又写完有关萤火虫、甘蓝菜上的青虫这两个篇什，并打算以此为基础撰述《昆虫记》第11卷，但他的身体已经十分衰弱。1913年，法国总统普恩加莱专程到阿尔玛斯看望法布尔，代表法国国民向他致敬。两年后，1915年5月的一天，92岁高龄的法布尔提出想到他钟爱的庭院看看。于是家人架起他的椅子，像抬轿子一样抬着他最后一次巡视阿尔玛斯。此后，由于尿毒症加重，法布尔常常陷入昏迷状态，并于当年10月11日辞世。在他的墓碑上，用拉丁文刻着他说过的一句话：“死不是结束，而是通往更高永生的入口。”

《昆虫记》早在20世纪初就有了中文选译本，书名除《昆虫记》外，还有《昆虫故事》《昆虫的故事》《昆虫物语》《昆虫的生活》等。1999年，湖南教育出版社之“世界科普名著精选”丛书收有王光的选译本，名为《昆虫学忆札》。该书“译者跋语”正名说：“昆虫记”3字，直观感觉是“记述虫子的事”，但法布尔的10卷本原著并不仅仅是虫子的事，也不仅仅是记述。作者给自己巨著确定的法文书名是：*Souvenirs Entomologiques*

（意为许多在昆虫学方面的往事），并加了一个副标题：*Etudes sur l'Instinct et les Moeurs des Insectes*（意为有关昆虫本能及各种习俗的研究）。正题是全书内容和体例的高度概括，副题则强调作者要解决的昆虫学主题，是一种带哲学和历史意味的命题。

经过反复思考和实际考证，王光觉得，用“昆虫学忆札”5个字译出书名更符合法布尔原意。这并不是“科普小品”性质的著作，而是文学价值极高的“世界科普名著”。确立新本《昆虫学忆札》的重要版本意义，对开发“法布尔宝库”的中国读者是有益的。笔者颇以为然。

《昆虫学忆札》，[法]让-亨利·卡西米尔·法布尔著，王光译，湖南教育出版社。

世界地图永远带着他的印记

詹姆斯·库克/《库克船长日记：“努力”号于1768－1771年的航行》

探索未知之地是人类的天性。

18世纪60年代末，继迪亚士、达·伽马、哥伦布和麦哲伦等人之后，又一位“航海大家”登上了历史舞台。

机遇始自天文学方面的一个推算：1769年6月3日将会有一次“金星凌日”。观测这一现象，是确定太阳视差进而算出太阳与地球之间距离的极好机会。为此，英国皇家学会建议政府安排一次远航，到南太平洋的塔希提岛进行观测。

皇家学会推荐领队远航的是一位绘制海图的权威人士，可落实“任务”的英国海军却另有一番盘算。他们提出，皇家学会的人选可以作为文职观察员随行，但舰上的指挥官必须由海军军官担任。他们属意的那位军官，就是当时虽名不见经传但已有多年航海经验、担任过海洋测量员的海军上尉詹姆斯·库克（1728—1778年）。

库克出生于英国约克郡一个农场工人家庭。他只在小学受过读、写、算的基本教育，早年在杂货铺做店员。18岁时在船上当学徒，自学了数学、天文学及与航海相关的知识和技能。后来在英国皇家海军服役，参加过英法战争，承担过一些海洋勘察、海图绘制工作。

1768年8月26日，由40岁的库克率领的“努力”号从普利茅斯港启航。102名船员中，包括一名天文学家、两名植物学家和一名擅长博物学的画家。这一搭载科学家的远航，事实上也开创了未来科学探险的先例。

顺风顺水，船队一路向西航行，经马德拉群岛后到达里约热内卢，再绕航合恩角，于1769年4月10日到达塔希提岛。这一路上，所到之处库克船长都细致地进行观测、测量并绘制海图，还将有关内容和自己的一些思考写进了日记里。

这一年的2月13日，库克在日记中写道：“这24小时起初是和风、阴天，后来一直是大风、阴天。下午，看见极多的信天翁和其他鸟，在船周围飞，有些全白，大小跟水鸦差不多。做了几次对太阳和月球角距离的观测，得出的结果是格林尼治西90度13分。指南针误差几次方位角测量平均结果为偏东17度的。计算出的经度比测得的经度少37分，在如此高纬度地区约相当于20英里，这与前面提到的计程绳的误差基本相当。这两个经度数字的吻合证明自我们离开大陆以来，并无自西向东的洋流。”

他还记述：就在发生金星凌日的头天晚上，出现了一个意外：测量所要用到的四分仪竟然被偷走了。船员们知道，笃定是性好偷盗的塔希提人干的。一干人马随即行动起来。经过一番解释和协商，被偷走的仪器，以零件的形式，一件一件地被归还并复原。

6月3日，那难得一遇的神奇现象如期而至。库克布置了3个观测点。他在当天的日记中写道："我们清楚地看见一团气体或者朦胧的阴影包住行星，这极大地影响了对两个星体接触时间的观察，特别是内圈的接触。"尽管如此，"任务"也算完成得不错了。

对金星凌日的观测结束后，库克拆开海军部给他的密函，开始执行一项秘密任务：在南太平洋寻找广阔且"未知的南方大陆"。这一由海军大臣于1768年7月30日签署的秘密指令还提出："在执行此项任务期间，只要你觉得对航海有用，你随时要对那个岛以及那个港湾、海湾的测量图、平面图和风景素描等进行修订改正。"（这足以窥见当时的大英帝国隐藏在探险和开发新大陆背后的殖民扩张目的。）

船队于是继续向南航行。他们花了大约一个月时间绕过了一些岛屿间水面狭窄的群岛（库克命名为"学会群岛"），依然没有见到"南方大陆"的踪影。通过南纬40度以后，天气愈发恶劣，库克下令向西航行，来到了荷兰探险家于1642年发现的新西兰。登岛探察期间，他们遭到了原集民人的围攻，随后又见识了有食人习俗的原集民。

在1769年10月9日的日记中，库克对于与原集民的相遇有如下记录："就在快艇往下划的时候，印第安人还是紧追不舍。舰载艇舵手见势不好，就朝原集民人的头顶上开了两枪。开第一枪的时候，第二枪又响了。紧接着就是第三枪，一个原集民人当场被击毙，当时他正准备向快艇投掷标枪。这个原集民人倒下之后，另外三个原集民人惊呆了，有两三分钟时间一动不动。他们不明白是什么东西这么奇异地杀死了他们的同伴。但是，当他们醒悟过来的时候，立刻拔腿就跑，先是把那个死者拖了一小段距离，然后就扔下了。”

也正是在新西兰的所见所闻让库克渐渐明确了一个认识，以前人们所有的关于“南方大陆”必定存在的论点、论据（其中一个观点是：为了保持地球的均衡，南半球须有一块大陆，这样才能与有人居住的欧洲、亚洲和北部非洲相平衡），“如果不说是子虚乌有，至少也是信口开河了。”

在环绕新西兰的两个岛屿进行勘察、测量之后，库克船队继续往西探索，于1770年4月19日抵达抵达澳洲大陆东海岸。在那里，他们发现了许多欧洲人从未知晓的植物（其中一个地方被命名为“植物学湾”），以及奇怪的袋鼠。同年5月下旬，库克船队进入太平洋上最大的暗礁区——大堡礁。过后不久，一个明月当空的热带夜晚，“努力”号不幸在一个巨大的珊瑚礁上搁浅。库克沉着冷静地指挥船员们竭力抗争，攻坚克难，终于脱离险情。

1771年7月12日，库克船队返回英国。他们的第一次航行，给世界地图增加了共约5000多英里的海岸线，成就了历史性的辉煌业绩。1772年12月至1775年3月，库克进行他的第二次航海旅程，完成了人类历史上第一次环南大洋航行，并在1773年1月17日实现横跨南极圈的创举，书写了人类南进的新记录。不过，虽然他曾经几次非常接近南极洲，但终因冰山阻隔，未能真正看到这块近似传说的“南方大陆”。

1776年7月12日，库克船长开始了他的第三次航海旅程。同前两次航程一样，总是有太多的暗礁和浅滩要他防范，有太多的浓雾和暴风雨要他搏击，有太多的冲突和意外事件要他应对。这位“水手之中的水手”科学知识渊博、航海经验丰富。他最为人们所称道的一个举措是，远航中通过经常提供新鲜的蔬菜水果，并以科学方法食用，他不仅使船员们避免了可怕的败血症的威胁，而且始终保持健硕的身体和昂扬的斗志。这些，在他的日记里都有所记述。

不幸的是，1778年2月14日，在夏威夷的凯阿拉凯库亚湾，库克船队与原集民因误会发生严重冲突，库克于混战中丧生，尸体惨遭肢解。

库克是继哥伦布之后在海洋地理方面拥有奠基性发现的著名航海家。他的一句名言时常让人们回味：“我不打算止于比前人走得更远，而是要尽人所能走到最远。”毫无疑问，世界地图将永远带着他的印记。

《库克船长日记——“努力”号于1768-1771年的航行》，［英］詹姆斯·库克著，［新西兰］比格尔霍尔编，刘秉仁译，商务印书馆。

揭开光的神秘面纱

艾萨克·牛顿/《光学》

对于光的研究（光学）是物理学中最古老的一个分支。它一直也是拥有许多思想、观点的奇异对象。光的神秘面纱，历经多个世纪的研究才逐渐被揭开。

让我们回到1666年的英国。那一年，23岁的艾萨克·牛顿（1642—1727年）做了探讨光的本性的第一个重要实验。按照他本人的叙述，他购买了一块玻璃棱镜（用纯玻璃制成的三角棱体），“以此来试验颜色现象”。为此目的而“弄暗我的房间，并在我的护窗板上开一小孔，让适量的太阳光进入，我将我的棱镜放在阳光进入处，于是光会因此折射到对面墙上。”

那时候，人们不相信颜色是光的基本特性之一，认为那不过是光通过另一种物质，如水、云彩或者玻璃时发生的变化。对于彩虹，人们也只是粗略地意识到，这是阳光在水滴内的折射及反射造成的一种独特现象。牛顿在实验中观察到，那束折射到墙上的光不止是变宽的光点，而是一条以大家十分熟悉的彩虹顺序——红、橙、黄、绿、蓝、靛、紫排列的彩色光带，其长度要比其宽度大许多倍。

这些颜色色谱——从一端的红色排列到另一端的紫色，难道是由棱镜产生的么？牛顿让这条“虹带”通过反向放置的第二个棱镜（用透镜来取代），以使这些色光重新结合，结果它们真的变成了白光（点）。

在做过更多的实验之后，牛顿形成了这样一种观点：颜色肯定是光的基本组成要素。普通白光是几种不同颜色的光线的混合物，这些光在各自单独作用于眼睛时，就会产生不同的色觉。每一种颜色都有独特的、不同的折射率。组成白光的各种成分散开而成的光带，称为“光谱”。光谱的伸长是由于玻璃对这些不同的光线折射本领不同。

牛顿实际上也揭开了物质的颜色之谜：原来，物质的色彩，是不同颜色的光在物体上有不同的反射率和折射率造成的。

色散实验让牛顿一举成名，同时也促使他认真思考光的本质。1672年，在被选入英国皇家学会后，牛顿立即提交了他的研究成果——《关于光和颜色的理论》论文，并发表在《皇家学会哲学杂志》上。这是他第一次公开发表的论文。

在这篇论文中，牛顿提出了光的“微粒说”，认为光是由高速运动的细小粒子（“微粒”）组成的。这些微粒从光源发射，就像子弹从枪膛射出来一样。或者说，光是一束从发光体运动到眼睛的粒子流。这可以解释为什么光按直线前进，并能投下清晰的影子。他还用微粒学说阐述了光的颜色理论，认为光的复合和分解就像不同颜色的微粒混合在一起又被分开一样。

可是，这一学说却无法解释一些显而易见的事实。比如，为什么绿色的光比黄色的光折射得厉害？为什么两束光可以彼此交叉通过而互不干扰，即为什么组成光的粒子不会互相碰撞？牛顿同代人中的一些杰出学者，也很难接受他的光具有数种不同的、独立的、不能互相转变的颜色，并为某一确定的可折射性所表征的学说——它似乎很容易就能被这样一个实验所驳倒：两种颜色的颜料相混合可以产生第三种颜色的颜料。

正因如此，光的微粒说一问世就遭到了激烈的反对。由著名物理学家罗伯特·胡克和著名化学家罗伯特·波义耳等组成的英国皇家学会评议委员会，对牛顿提交的光学论文基本上持否定的态度。波义耳指出，物体的颜色并非物体本身的性质，而是光照射在物体上产生的效果。他还第一次记载了肥皂泡和玻璃球中的彩色条纹。

反对方手中一个更为有力的“杀手锏”，是意大利物理学家弗朗西斯科·格里马迪于1665年设计的一个实验：他让一束光通过两个前后排列的狭缝后，投射到暗室里的一个空白屏幕上，结果发现，呈现出的光带比进入第一道缝时的光束略微宽些。就此他认为，这束光在狭缝边缘向外有所弯曲，而且显然是光线绕过障碍的一种情况，他把这一现象称为“衍射”。

随后在进一步的实验中，格里马迪又得到了有明暗条纹的光影图像。他觉得这种现象与水波十分相像，并由此推断：光可能是一种能够做波浪式运动的流体，光的不同颜色可能是波动频率不同的结果。

格里马迪实则成了光的“波动说”最早的倡导者。胡克在重复了格里马迪的实验，自己又对肥皂泡膜上的颜色进行观察后，提出了“光是‘以太’的一种纵向波”的假说。

胡克提到的“以太”（ether），最初在古希腊时代泛指上天，在后来发展的宇宙学中，有时又被用来表示占据天际空间的物质。17世纪，法国数学家、哲学家笛卡尔最先将以太引入近代科学，并赋予它某种力学性质——它虽然不能为人的感官所感知，但却能传递力的作用。在笛卡尔看来，空间并非真的空无所有，而是被以太这种媒介物质所充满。他认为，光的传播是因为光压以无限大的速度通过光周围的细微物质。或者说，光是一种以以太为媒质的（连续）压力。

笛卡尔和胡克关于光的性质的观点，很快就被荷兰著名的数学家、物理学家和天文学家克里斯蒂安·惠更斯（1629—1695）所借鉴并加以发挥。

由于知晓光可以在真空中传播，而当时人们对波的理解仅仅局限在某种媒介物质的力学振动——这种媒介物质被称为波的荷载物（如空气就是声波的荷载物），惠更斯因此提出：光是一种机械振荡波，波面上的各点本身就是引起媒介物质振动的波源。荷载光波的媒介物质（以太）应该充满包括真空在内的全部空间，并能渗透到通常的物质之中。1678年，惠更斯向法国皇家科学院提交了他的光学论著《光论》。此书系统地阐述了光的波动理论。

孤傲的牛顿自然不会轻易认“输”。不过，为了避免那位一直跟他过不去的胡克的纠缠（后来这对互相敌视的“冤家”还为引力定律等的发现优先权争吵多年），他一度没有公开他的光学研究进展。1704年，即胡克去世的第二年，牛顿才出版了他的《光学》一书。书中他陈述了波动说的几种不足：

第一，波动说不能很好地解释光的直线传播现象。如果光是一种波动，它就应该有绕射现象，就像声音可以绕过障碍物而传播一样，但我们并没有观察到光有这种现象。第二，波动说不能令人满意地解释方解石的双折射现象。第三，波动说依赖于介质的存在，可是并没有什么证据表明，天空中有这样的介质，因为从天体运行看不出受到介质阻力的现象。

但是，牛顿也不完全排斥波动思想，他曾提出：光粒子可能会在以太中激起周期性振动。

进入19世纪后，微粒说与波动说之争又现波澜。

英国物理学家和内科医生托马斯·杨在1800年左右做了一个实验：让光从一个很小但很亮的光源射出，再经过两个极窄的矩形裂口到达一块屏幕上。如果光是由粒子构成的话，那么，屏幕上的光应该是两个矩形的小光圈。

然而，杨发现的却是明暗相间的黑白条纹。这些光带，正是大约140年前格里马迪曾注意到的那种绕角衍射引起的，而微粒说对此并不能作出解释。这个现象与声学中的“拍”（即不同音调的两个声音合在一起时，使声音时断时强的效果）极为相似，杨称之为“干涉”。显然，只有当光是一种波动，通过狭缝时才会扩散开来。

之后，杨在《关于光与声的实验和问题》的论文中提出了否定微粒说的几个理由：第一，强光和弱光源所发出的光线有同样的速度，这用微粒说不好解释；第二，光线由一种介质进入另一种介质时，一部分被反射，而另一部分被折射，用微粒说解释也很牵强。

一时间，微粒说被逼到了死角。

可是，1808年，法国物理学家路易斯·马吕斯无意中发现了光的偏振现象（光波在某一特定的平面上振动），而被视为纵波的光，是不可能发生这样的偏振的。这一发现即刻成了反对波动说的有力证据。

随后，杨经过进一步研究，提出光是一种横波，并借此成功地解释了光的偏振现象，波动说才得以摆脱困境。

光学的发展极大地推动了人类社会的进步。1859年，德国化学家罗伯特·本生与古斯塔夫·基尔霍夫一起发明了光谱仪。它可分析每一种元素所产生的独特光谱，被频繁用于化学中不同物质的识别和区分。

1864年，英国物理学家詹姆斯·麦克斯韦提出了电磁波的概念和一个新的理论——“场论”，推测“光本身（包括辐射热和其他辐射）是一种电磁干扰，它是波的形式，并按照电磁定律通过电磁场传播。”而且，光波只代表了可能产生的电磁波的极小部分，光也许就是以不同速度振荡的电荷所引起的辐射。1879年，麦克斯韦还以4个简洁、优雅的方程，描述了已被观察到的与电、磁和光有关的现象，揭示了三者本质的统一性。

1886年，德国物理学家海因里希·赫兹用实验方法证实电磁波确实存在，并具有与光完全类似的特性。这为人类利用无线电波开辟了道路。此外，赫兹还首次描述了“光电效应”（金属表面在光辐照作用下发射电子的一类光变致电的现象）。

随着光的电磁理论的建立、检验以太理论的“迈克耳孙—莫雷实验”以失败告终，及至爱因斯坦的狭义相对论在20世纪初问世，以太终于退出了科学舞台。人们开始接受电磁场本身就是物质存在的一种形式的概念，而场可以在真空中以波的形式传播。

特别是，爱因斯坦在他1905年发表的有关光电效应的论文中引入“光量子”（后称“光子”）概念，提出光的量子假说，认为光同时具有波动和粒子两种特性——所谓“波粒二象性”，这才真正化解了微粒说与波动说长达数百年的争执。这一理论成为量子力学发展中的一个里程碑，也为爱因斯坦赢得了1921年的诺贝尔物理学奖。

《光学》，[英]艾萨克·牛顿著，周岳明、舒幼生译，北京大学出版社；《光论》，[荷]克里斯蒂安·惠更斯著，蔡勖译，北京大学出版社。

跨越三十年的缘分

甘本祓/《生活在电波之中》

2009年国庆前，在一个科普界人士聚会的宴席上，主持人汤寿根兴奋而又神秘地宣示：“给大家一个惊喜！我们的一位老朋友回来了，请他讲几句吧。”

这时，一位两鬓斑白、儒雅潇洒的古稀老人起身向大家鞠了一躬，一口四川口音也随之“流”出：“我是甘本祓，大家可能不记得我了。过去我也写过一些科普读物，20多年前去了美国。由于工作繁忙，封笔多年，也与老友们疏于联系，这次回国找到科普作协，今天又见到各位旧友新知，算是重新归队吧……”

掌声响起、老先生落座之时，我按捺不住激动的心情，端起酒杯，快步向坐在我对面的老前辈走去，不及自我介绍就急切地对他说道：“甘老师，我还记得您！我小时侯读过您写的书：《生活在电波之中》《今天的科学》；还有您发表在《知识就是力量》上的两篇很有影响的文章：《茫茫宇宙觅知音》

《谁是电波报春人》。”

老人家睁大了眼睛，十分惊讶：“是吗？那时候你在哪里？多大年纪？”我告诉他，当时我在柳州，念小学五年级，11岁。《生活在电波之中》第一版距今已有30年整，也正好是我们俩之间的“岁差”！我说，我还记得，《今天的科学》是分几辑出的，一个名叫练军的同学得知我只有第一辑，就表示愿意把他手头的第二辑送我。至今我还记得那天中午放学后，我在他家门外边等着他拿书时的情形。

与本祓老师重续“前缘”，我备感亲切、温馨（说句不太恭敬的话，因为这些年没见他发表新作，我曾臆测他是否已驾鹤仙去了）。几年来，我们鸿雁传书、沟通频繁，成了忘年交。其间，经我向担任“少儿科普名人名著书系”编委会主任的叶永烈先生推荐，本祓老师的《生活在电波之中》新版很快得以面世。这个新版本相较我在1979年读到、列入“少年百科丛书”的第一版，增厚足有两倍还多。作者“宝刀不老”、激情再现，不仅将原书的基本知识作了扩展和延伸，而且添加了许多这30年间发展起来的新领域所涉及的内容。

在新版“序曲”中，本祓老师写了这样一段话：“感谢尹传红先生，是他告诉我少时曾是《生活在电波之中》的小‘粉丝’，才鼓起了我续写该书的热情。”而我，则把这看作是对自己当年所受教益的一种自然“回报”，说来我该感谢、感激、感恩他老人家才是啊！

只可惜，我当年的珍藏如今已不知去向。然而，它朴实、简洁的封面形象，在我脑海里依旧留存着深刻的印记。更难忘，“开头的话”起始那几句散文诗般的话语：

我们的眼睛能看见东西，是光波的作用。

我们的耳朵能听见声音，是声波的作用。

有一种波，我们既看不见，也听不到，但是它像空气一样，弥漫在我们周围，无时无刻不在为我们服务。

……可以毫不夸张地说，我们虽然不熟悉它，但是我们生活在它之中。

甘老师告诉我，《生活在电波之中》第一版第一次印刷32万册，以后又多次印刷再版，累计印数超过了500万册。不过，他并没有因此而发大财。创作此书之前，他在大学里已教了20年的电磁场理论和微波技术课程，教材和专业著作也出了好几本，但那时还没有真正涉足科普。

1979年春，中国少年儿童出版社的编辑找上门来，希望他为“少年百科丛书”写一本介绍电波的书。他对我回忆说：“我想应该毫无问题，就答应了。谁知一提起笔来，却是问题一大堆：怎么把抽象的问题形象化，怎么把高深的理论通俗化，怎么把用微积分、数学物理方程表达的问题，用语言来表述，而又能保持概念正确。甚至，怎么开头，怎么连贯，怎么结尾都是问题。”

为写这本书，让电波这个看不见、摸不着的事物，活生生地出现在少年读者面前，甘老师当年反复地想、反复地改，绞尽脑汁，下足了通俗化的工夫。比如讲到电波的波形，他写了几段“给电波画像”：

我们可以根据电力线和磁力线的概念，给它画个像。画出来的像是这样的：电力线套着磁力线，磁力线再套电力线，这样一圈一圈地套下去，电波也就越传越远了。

这样的力线图可真像一环套一环的铁链子。电场和磁场则像一对不可分离的孪生兄弟，手挽着手奔驰向前。

也有另一种画法，就是画一圈圈的同心圆。就像把石头扔进水里激起了一圈圈水波那样。圈圈越来越大，就表示电波传向了远方……。

还有一种画法，就是沿着水平方向，画一根有起有伏、起伏交替、连绵不断的线，就像绳子被抖动的形状……。

后来，《中学生》杂志专门把这一节内容抽出来选登，《少年科普佳作选》也将它收入其中。如果不努力探索，是达不到这样好的效果的。那些年里，甘本祓写的许多科普书和科普文章，一直都秉承这种不断探索的精神。上世纪80年代，他在《知识就是力量》杂志连续发表《茫茫宇宙觅知音》、《谁是电波报春人》等许多长篇系列文章，备受瞩目，名动一时。

在甘本祓看来，科普是教育的延伸，是科研的牵线人；专业创作和科普创作，正是当年的他提高学术水平、飞向更高境界的两只翅膀。他认为写科普不能板起面孔“讲课”，应该用严肃的态度、生动的语言、恰当的比喻、必要而准确的数据来揭示所介绍的科技问题的精髓。这样才能使科普作品论之有物、看之有趣、听之有理、思之有获。

如今，年近八旬的甘本祓又焕发了科普的热情，仍在辛勤地笔耕，接连还有数部科普新作问世。这当中，一件亦属奇缘的事儿也值得一说：2012年2月3日，我参加《科技导报》杂志社新春联谊会时，邻座老友、科学普及出版社副总编辑杨虚杰随口问我最近在读什么书，我当即从提包里拿出新版《生活在电波之中》递过去。她扫了一眼封面，说：“甘本祓，这个名字挺熟，这本书的初版我也有点儿印象。”然后她就很有兴致地翻开书看。

不多会儿，只听虚杰惊叹："哎呀，这个作者的女儿甘雯，是我的中学同学呢！"我说："不会是同名同姓吧？"虚杰道："北京二十中的，绝对不会错！当年她亲口跟我说过，她有个姐姐，叫甘露，书中'序曲'里也提到了。"

得知事情原委，同桌的科普社另一位副总编辑许英感慨："这个世界真小啊！"同样惊喜的我，随即写信向本祓先生报告此一新缘，两位"失散"了30年的老同学也得以重新联系。

大半年过后，本祓先生再度回国，带来《航母来了：从珍珠港到东京湾》和《硅谷轶事：浪涌山景城》两部书稿。当他就出版事宜与我商议时，我们不约而同想到了虚杰，想用此为那段缘分添彩。当时的社长苏青看过经虚杰送呈的书稿，颇感兴趣，很快决定科学普及出版社全接，并指定虚杰做《航母来了》一书责编，特邀我参与编辑工作。随后，本祓老师受聘为科普社"高级学术顾问"，他又特邀我为他的新著撰写序言，记录我们之间跨越了30年岁月的缘分。

因缘而起的一个新的"合作"开始了。

《生活在电波之中》，甘本祓著，湖北科学技术出版社；《茫茫宇宙觅知音》，甘本祓著，湖北科学技术出版社。

该死的粒子

利昂·莱德曼、迪克·泰雷西/
《上帝粒子：假如宇宙是答案，究竟什么是问题？》

当上帝巡视他所创造的世界时，他先是惊讶于它的美丽，接着又发现，这个世界实则也是令人厌烦的。于是，他进行了一番计算，然后高兴地笑了。他使宇宙膨胀并冷却下来。

瞧，宇宙已经足够凉爽，他的可靠而忠实的使者——希格斯场已经有了活力。在希格斯场的影响下，粒子开始从场中吸允能量，逐渐变大；同时，作用力和作用力的传递者也开始增多……

上帝被深深地打动了，情不自禁地大笑起来。不过，很快地，他又强压笑容，招来了希格斯，带着责备的口吻说道："你为什么要破坏世界的对称性？"

希格斯被上帝语气中流露出来的不满吓得胆战心惊，他这样辩解道：

"哦，主啊，我并没有破坏对称性。我只不过是把它隐藏在能量消耗的圈套中。这样做，我的确使世界变得复杂啦。"

“谁能够预见到，除了这一套枯燥沉郁的相同物体之外，我们还能拥有核子、原子、分子、行星和恒星呢？”

“谁能够预言日落、海洋和那些由被闪电和热激发的各种讨厌的分子所组成的有机物呢？又有谁能想到进化，以及那些物理学家们在竭力探求，而由我在为您效劳时小心隐藏起来的东西呢？”

上帝努力止住自己的笑容，原谅了希格斯，并提升了他。

上面这番调侃，出自爱开玩笑的美国物理学家利昂·莱德曼（1922–2018），在其于1993年出版的《上帝粒子：假如宇宙是答案，究竟什么是问题？》一书。莱德曼本人因发现μ子型中微子、揭示了轻子的内部结构而荣获1988年诺贝尔物理学奖。他20年前的那个“预言”还真是靠谱——“苦海”里遨游良久的希格斯终于获得“提升”，摘下了诺贝尔奖的桂冠。而希格斯玻色子（希格斯粒子）的绰号——“上帝粒子”得以广为流传，恰恰缘自莱德曼的一句“诅咒”。

说来话长。

探寻物质最终要素是个老生常谈的故事，科学家们为此付出了持续几个世纪的努力。17世纪中叶，牛顿发现的万有引力，可以解释诸多看起来毫不相关的现象：潮汐、苹果落地、行星运行和星系的形成。再往后，19世纪中后期，法拉第和麦克斯韦等人揭开了电磁波谱的秘密，电、磁、阳光、无线电波和x射线都被看作是同一种力的表现。在20世纪20年代，原子得到了解释，从更基本的粒子的形式我们弄懂了原子核是什么。1929年，劳伦斯建造了世界上第一台粒子回旋加速器，打开了探索未知亚原子世界的大门……由此，我们一步步地形成了对天地万物组成的基本认识。

让我们将视线转向1964年。这一年的8月，时为英国爱丁堡大学数学物理讲师的彼得·希格斯，兴致冲冲地写了一篇论文投给欧洲的《物理快报》，但是，它却被编辑以不宜发表为由拒绝了。希格斯对此“感到愤愤不平”，因为他相信他所证明的东西在粒子物理学中会有很重要的结果，同行们显然没有理解他工作的真谛。次年希格斯到哈佛大学做报告，听众同样对他的理论持怀疑态度。一位哈佛大学的物理学家后来承认，他们“一直期待着折磨一番这个自以为可以绕开戈德斯通定理的白痴”。

再说当年，在对自己的论文略作修改后，希格斯把它投给了《物理快报》的竞争对手、美国的《物理评论快报》。这篇论文被送到“识货”的南部一郎（2008年诺贝尔物理学奖得主）手中，请他做同行评议。南部要求希格斯评论一下他的论文与比利时物理学家罗伯特·布劳特与弗朗索瓦·恩格勒刚刚（1964年8月31日）在同一期刊发表的论文之间的关系，解释其理论的物理学意义。

希格斯此前从未听说过布劳特与恩格勒针对同一问题所做的工作，于是他听从建议，在自己发表于1964年10月19日、只有两页半篇幅的论文中加了一则注脚，表示注意到了他们的论文；又在正文中添加了最后一段，对“标量玻色子和矢量玻色子的不完全重态”的可能性表示了关注，并相当隐晦地提到了存在另一个有质量且自旋为零的玻色子的可能性，即存在希格斯场的量子粒子的可能性。这种能吸引其他粒子进而产生质量的粒子，就是著名的希格斯玻色子（这个名字实际上是在1972年以后才广泛叫开的）。根据希格斯模型，基本粒子是跟一种看不见的、无所不在的场发生相互作用而获得了质量。

到了20世纪70年代，通过对多种粒子的研究，物质的所有性质原则上都可以用一种相对简单并更有条理的理论来解释，即把现实中的一切归结为大约12种粒子和4种作用力。这种数学上自洽的理论被称为“标准模型”。它将那些组成天地万物的所有基本微粒系统地分门别类，形成了一张简单的列表，并阐明了微粒之间相互作用的规律“标准模型”预言了62种基本粒子的存在，其中61种粒子相继被实验所证实，只有希格斯玻色子难觅踪影。

这究竟是什么缘故?

莱德曼在他那部科普著作中“咬牙切齿”地写道：“宇宙中有一个无所不在、幽灵一样的大坏蛋，正在阻止我们理解物质的真正本质，阻止我们获得终极的知识。”这个看不见的阻止我们了解真相的障碍叫希格斯场。它那阴冷的触角伸向宇宙的各个角落，而它的科学和哲学意义让物理学家起了一身鸡皮疙瘩。希格斯场通过希格斯玻色子来施展它邪恶的魔力。

这种粒子对于我们最终理解物质的结构举足轻重；而同时，它又是那样的难以琢磨，所以，莱德曼给它取了一个绰号：上帝粒子（God Particle）。不过，莱德曼原来取的名字是“该死的粒子”（ Goddanmn Particle）：“考虑到它那‘恶毒’的本性，再加上花在它身上的巨额资金，我认为这个名字可能更加合适。”但出版商不干，于是变通一下，就成了“上帝粒子”。

寻找希格斯玻色子正是建造超级对撞机的主要原因之一。物理学家需要希格斯玻色子来解释一个对普通人来说不是问题的问题：万物皆有质量。

2012年7月4日，位于日内瓦的欧洲核子中心举行发布会，宣布“发现了一种和希格斯玻色子的性质非常相符的粒子”。恩格勒与希格斯也应邀出席了发布会（他们是第一次见面。布劳特久病不治，已于2011年5月去世）。会场上，希格斯流下了激动的热泪——这一刻，他苦苦等了48年之久。2013年10月8日，瑞典皇家科学院宣布，本年度的诺贝尔物理学奖由恩格勒与希格斯共同分享。这一结果，不出许多业界人士的预料。

人们或许会感到奇怪，上帝粒子的提出和发现并非希格斯一人之功，为什么先前“名分”都安在了希格斯头上？或者说，希格斯的名气何以要远远大于布劳特与恩格勒？据中国高能物理学家邢志忠考证，这与美国物理学家史蒂文·温伯格的一失“手”成千古恨多少有些关系。温伯格在1967年基于布劳特–恩格勒–希格斯机制建立了统一电磁力和弱核力的标准模型（他因此于1979年获得了诺贝尔物理学奖），电弱理论预言了希格斯粒子除了它质量以外的所有性质。可是，温伯格在引用这两组人1964年发表的研究成果时，却不经意地把希格斯的论文排在了布劳特与恩格勒的论文之前（尽管后者完成的论文发表时间要比前者早一个月）。

更“出格”的是，温伯格在自己发表于1971年的一篇论文引述中，将希格斯发表第一篇论文的期刊名称《物理快报》误写成《物理评论快报》（希格斯这篇与电弱统一理论毫无关系的论文发表于1964年9月15日，不是前述被编辑“毙”掉的那一篇），这样表面看起来似乎希格斯的工作要明显早于布劳特与恩格勒的工作。

可笑的是，许多作者并不认真查看原始文献就搬用，将温伯格的笔误进一步扩大化，在一定程度上也成就了希格斯的盛名。直到2012年5月，温伯格本人才意识到自己的这一引用失误，并就此做了公开纠正。同年9月，欧洲核子中心的官方网站将“希格斯机制”正式更名为“布劳特-恩格勒-希格斯机制”（BEH mechanism）。

有人说，实事求是的科学家都十分鄙视“上帝粒子”这个名称，因为它夸大了希格斯粒子的重要性，并把公众的注意力吸引你到了物理学和神学之间的关系上，而这有时令人感到很不舒服。然而，不得不承认，它是一个深受科学记者和科普作家喜爱的名称。

那么，希格斯本人又如何看呢？有报道称，希格斯最早得知粒子用自己的名字命名，是1972年在美国伊利诺伊州费米实验室举行的会议以后。他说，尽管他是最早将大家的注意力引向相关粒子的第一人，但这类理论中蕴涵的其他一切精髓不属于他或他一个人。希格斯反对“上帝粒子”之类的标签，虽然他本人是一名无神论者，却担心这个称呼“会伤害笃信宗教者的感情”。

在“上帝粒子”的背后，揭示了一个辉煌的、令人目眩的世界。可很快我们便会察觉到，我们并没有得到所有的答案：电子、夸克和黑洞里面到底有什么呢？这些问题将牵引着我们继续探究下去。

《上帝粒子：假如宇宙是答案，究竟什么是问题？》，[美]利昂·莱德曼、迪克·泰雷西著，米绪军、古宏伟、赵建辉、陈宏伟译，尹传红校，上海辞书出版社；《希格斯——“上帝粒子”的发明与发现》，[英]吉姆·巴戈特著，邢志忠译，上海科技教育出版社。

卷二

溯

创造之源

幸运的化学，悲催的奠基人

安托万-洛朗·拉瓦锡/《化学基础论》

1773年的一天，30岁的安托万-洛朗·拉瓦锡（1743—1794年），在他的实验记录本上，自信满满地写下了这么一句话：“我注定要在物理学和化学领域带来一场革命。”

他确实做到了。

然而，这位化学革命的主要推动者却没能预见到，20年后，他竟然会成为一场政治革命的牺牲品。

1794年，巴黎依然飘摇在法国大革命的惊涛骇浪之中。5月7日，执政的激进党开庭审判他们眼中的旧政权代表——包括拉瓦锡在内的28位包税商。此前，由一些科学界人士提出的赦免拉瓦锡的请求，遭到了法官的断然拒绝。据说，那位法官还豪气冲天地宣称：“共和国不需要学者！”

第二天，拉瓦锡在众目睽睽之下被推上了断头台。隔日，曾跟他有过交往的法籍意大利著名数学家拉格朗日闻讯，不禁悲叹：“砍下他的头颅只需要一眨眼工夫，但生出他那样的大脑一百年也不够。”

不错，这是一颗不平凡的大脑。正是它的精细运作，引发了化学史上第一次真正的革命，其影响可以用这样一句话来概括：拉瓦锡之于化学，犹如牛顿之于物理学。

在拉瓦锡登上历史舞台之前，化学远远落后于物理学、数学和天文学。尽管那个时代化学家们已经发现了大量独立的化学现象，但并没有一个适当的理论框架来综合这些相互隔离的零碎信息。当时人们普遍相信，物质可以燃烧的原因在于它含有燃素。物质（比如木头）在燃烧过程中会释放出燃素，所以将变得更轻。

可是，拉瓦锡却在实验中发现，某些固体物质（比如磷和硫）在燃烧之后重量反倒增加了。一个合理的猜测是：也许物质燃烧不是因为释放了燃素，而是因为吸收了某种气体。

1777年，拉瓦锡将实验结果报告送交法国科学院，证明根本没有燃素存在。燃烧的本质是物质和“生命气体”（后来他将这种气体命名为“氧气”）的结合。由于燃烧减少了空气中氧气的含量，留下的不可呼吸的气体（主要）就是氮气。拉瓦锡还断定，氧气在呼吸过程中同样至关重要。他认为，从化学的观点看，物质燃烧和动物的呼吸同属于空气中氧所参与的氧化作用。后者是一种缓慢的燃烧过程，并且是所有动物赖以生存的基础。

在研究燃烧和气体的过程中，拉瓦锡借助他精湛的称量技术，看到了事物更深层的一面，进而从实验的角度验证并总结了物质（质量）守恒定律。针对当时化学物质的命名混乱不堪的状况，拉瓦锡与他人合作制定出化学物质命名原则，创立了化学物质分类的新体系，并在历史上第一次开列出化学元素的准确名称。

1789年3月，拉瓦锡详细总结并系统阐释其化学学说的著作《化学基础论》以法文出版。正如它的全名——《以一种新的系统秩序容纳了一切现代发现的化学基础论》——所昭示的那样，这部划时代著作系统论述了氧化说的科学理论，重新解释了各种化学现象，并且指明了化学研究的方向和任务，从而建立起从元素概念到反应理论的全面的近代化学体系。由此，化学作为一门科学才得以最后确立。

在1789年版《化学基础论》的序言中，拉瓦锡写道："当我着手撰写本书时，我的唯一目的，就是更充分地扩充和解释我于1787年4月在科学院的公开会议上，所宣读的论述改革和完善化学命名法的必要性的论文。……这样一来，尽管我想到的仅仅只是制定一种命名法，尽管我自己打算的只不过是改进化学语言，但我却无可奈何，这部书自身逐渐变成一部论述化学基础的著作了。"

拉瓦锡强调观察和实验，也非常重视科学方法和科学态度。他的科学研究活动讲求严格的逻辑进程——他总是先制定研究方法，然后再进行实验。在《化学基础论》一书中，以"对于……的观察"做"节"标题的，竟有数十个之多。序中的一段话，集中表达了他对于科学研究的认识和态度："由于完全确信这些真理，我一直强迫自己除了从已知到未知之外，决不任意前进，并将此作为一条定律；除了由观察和实验必然引出的直接结果之外，决不形成任何结论；而且，始终整理事实以及由这些事实引出的结论，以这样一种秩序最易于使它们为开始从事化学研究的人们所完全理解。”

从1789年到1797年这18年间，《化学基础论》在8个国家以6种文字印行了26次，足见其在当时影响之大。后来的科学史家评价：“它就像牛顿的《自然哲学之数学原理》在一个世纪前奠定了现代物理学的基础一样，奠定了化学的基础”，它“在化学史上的重要性怎么强调也不过分”。

其实，拉瓦锡的工作还不仅局限于化学一个方面，他还开创了生理学发展的崭新时代——他被认为是第一个将生命现象归结为化学和物理力量作用的科学家。他在大革命时期也为新政府做了大量有益的工作，如设计城市照明、制定农业改革方案、贡献火药制造和矿物探寻资料。作为改革委员会委员，他还参加了新政府主张的“改革旧度量衡制，创造新的国际通用单位”的工作，确定了重量单位“克”和长度单位“米”。

拉瓦锡的伟大贡献和悲惨结局常常令人感喟。尽管他主张君主立宪制，是旧体制的既得利益者，但他依然可以说是法国革命思想的忠实追随者。他出生于巴黎一个富裕的律师家庭，5岁时母亲病逝，此后他在姨母照料下生活。11岁时，进入当时巴黎的名牌学校——马扎林学院，1763年获法学学士学位，并取得律师开业证书，后转向研究自然科学。1768年，拉瓦锡被法国科学院接纳为助理（最低级别的院士），1778年他成为有表决权的18名正式院士之一，1785年出任科学院院长。他还曾担任过皇家火药局局长。

导致拉瓦锡悲剧的原因，主要有三个。

一是他早年加入了由一批商人组成的包税商集团。他们把法国国王的部分征税承包下来后，又滥用职权横征暴敛，中饱私囊，激起了极大的民怨，所以革命一来就成了众矢之的。在被送上断头台的28位包税商中，除拉瓦锡外，还有他的岳父大人。尽管拉瓦锡很少参与对平民百姓的盘剥，并把大部分余钱投入科学研究之中，但仍然不能摆脱悲惨的结局。

二是树大招风，遭遇落井下石。拉瓦锡被捕后，革命领导人之一马拉带头对他提出指控，叫喊要“埋葬这个人民公敌的伪学者！”马拉多年以前曾企望以《火焰论》一书作为“敲门砖”加入法国科学院，但当时的科学院负责人拉瓦锡对此书进行了尖刻的评论，认为并无科学价值，从而跟马拉结下了私怨（马拉其人也没能善终，一幅名为《马拉之死》的著名油画描绘的就是他在浴室里被刺杀之后的惨象）。

拉瓦锡另外还有一个潜伏着的恶敌，可能是出于嫉妒而施展诡计上下其手，置他于死地。此人就是在其落难时曾受拉瓦锡保护过的知名化学家佛克罗伊院士。非常可恶的是，在后来为拉瓦锡举行的庄重而盛大的追悼会上，这个厚颜无耻的家伙却又反过来对拉瓦锡表示悼念，还做了歌功颂德的演讲。

有一个传言称：拉瓦锡在被处决前，安排了他的最后一项实验。那时断头台在法国被广泛使用，因为它被认为是处决的最人性的方式，可以在瞬间无痛地执行。现在有机会去弄清楚到底是不是这样了。按照约定，当拉瓦锡感受到刀片接触到脖子时，就开始努力地快速眨眼，而他的助手就站在人群中记录他眨了多少次眼（一共眨了15次），以此来确定头砍下后是否还有感觉……。

在最后一封致他感情甚笃的美丽妻子的信中，拉瓦锡写道："我度过了非常幸福的一生。我想，人们会带着一些惋惜的心情记住我，也许在我的身后还会留下一些名誉，我还需要什么呢？"

这一点他也"算"准了。

就在拉瓦锡撒手人寰不久，人们为他举行了隆重的追思大会，并在大街上给他立了塑像。

《化学基础论》，［法］安托万-洛朗·拉瓦锡著，任定成译，北京大学出版社。

殊途同归的探索

阿瑟·I·米勒/
《爱因斯坦·毕加索：空间、时间和动人心魄之美》

1905年5月，在瑞士伯尔尼，阿尔伯特·爱因斯坦（1879—1955年）完成了他的旷世宏文《论动体的电动力学》。1907年6月，在法国巴黎，巴勃罗·毕加索（1881—1973年）绘就其惊世名作《亚威农少女》。由于他们都是在寻找表象之外的实在，或者说都是在表象之下发现真相，他们各自都完成了某种共有更深层联系的全新的东西，在一定意义上也分别成了现代科学与现代艺术的象征。

然而，一开始他们的创新性成就并不为人们所理解，甚至受到了非常严重的误解。相对论对于自牛顿经典力学出现后所形成的时空观的根本性变革，及其大大超越于日常生活体验与感知的“玄妙”，一时间很难为人们所明白和认同；而革新了用单一视角表现空间的模式、有异于具象写实的抽象画《亚威农少女》，因为其中所呈现的少女形象被扭曲变形到难以辨识、几无美感的程度，一度也备受冷落——最初反应是令人尴尬的沉默，随之竟被评论家斥为“粗鄙”和“令人作呕”。

好在，没过太长的时间，两位大师的天才洞见与创新成就即为人们所认识，乃至膜拜。

现代艺术与现代科学几乎同时出现，或者说，艺术与科学在20世纪之初几乎平行发展、呈现出走向抽象和新的视觉想象之共同趋势，这只是纯粹的巧合吗？近些年来，这个问题引起了许多学者的关注，英国伦敦大学的科学史和科学哲学教授阿瑟・I・米勒 的相关研究，尤为引人瞩目。其集大成之作，系2001年出版的《爱因斯坦・毕加索——空间、时间和动人心魄之美》一书。

这部跨学科研究的杰作，以丰富的史料和细腻的笔触，详实考察了爱因斯坦与毕加索一生中最富有创造力的岁月，即20世纪初的15年的情形。作者发现，这两位大师的个人工作风格并无不同，他们在其事业发展的早期，都得忍受创造性工作的孤独无援。

作者坦言，他这本书是为那些正在最根本和激动人心的层次上进行实践的艺术与科学的热爱者而写，亦为跨越学科进行思考的狂热爱好者而写，总之，是为那些对高度创造性有兴趣的读者写的。当所有的事情碰在一起，产生不可思议的洞见之时，我们会感到惊讶：这是如何发生的？思想是如何超越手头的信息而涌现出来的？

在米勒看来，艺术与科学的古典标志就是一种视觉形象，它从我们在日常世界里经历的现象和物体中抽象出来。而艺术与科学的古老追求，又可看作是超越表象寻找一种新的再现现象的方法，在创造性的萌芽时刻，当学科的界限开始消失、美学概念变得非常重要时，这种努力就变得十分清晰。要想了解这种现象，就要求钻研创造性思维的本性。因此，回答上述问题就要求一种多学科的思考和分析模式。他希望本书能够进一步激发这一21世纪的思维方法——正是爱因斯坦与毕加索的高度创造力，戏剧般地展示了这种思维方法并为之奠定了基础。

爱因斯坦与毕加索都强调，尽管他们取得了表面上看来是革命性的进步，但他们实际上只是把过去大师们的工作扩展了而已。米勒断言：就如同法国数学家庞加莱对时间和同时性的洞察力启发了爱因斯坦、帮助他发现相对论一样，庞加莱的“多维”概念同样激发了毕加索，后者由此将几何学作为一种新的艺术语言。《亚威农少女》里的视觉形象虽然十分复杂，但它是通过几何语言来表现的。

让我们回到1904年。这一年4月，期盼能在艺术上有更大发展的毕加索离开巴塞罗那，定居在他梦寐以求的巴黎。此时的他还不到23岁，个子矮小，其貌不扬，心高气傲，贫穷而又落魄。他住进了蒙马特尔区一处怪异而破旧的居所——“洗衣舫”。这幢破楼因外形特别像塞纳河上洗衣服的船而得名，当年，它是一些流浪艺术家的聚会场所，也是孕育画坛各种新思想和新风格的“作坊”。

同一年，法国数学家亨利·庞加莱于美国发表的演讲，已经预见到一个“变化即将到来”的世界。其中最为明显的是，由于技术上的新进展，比如飞机、汽车、X射线、无线电报和电影艺术的出现及应用，大大改变了人们的时间观念和空间观念。

此时在洗衣舫这个小地方，庞加莱的见解一度成为画家们的热议话题。按照庞加莱的解释，既然二维面的一个景象是从三维面而来的投影，那么，三维面上的一个形象也可以看成是从四维面而来的一个投影。庞加莱提出，可以将第四维描述成画布上接连出现的不同的透视图。

画家们对此很感兴趣，因为他们都尝试通过同时展示许多不同的透视点去表现物体。他们也隐约感觉到，那些奇妙的数学和空间新观念对他们的艺术创作来说，似乎包含着一种新美学或新技法的种子。这艺术中的科学层面自然没有逃过毕加索的眼睛。他敏锐地意识到，这不同的透视图应该在时间"同时性"里展示出来。可这又该怎样去表现呢?

毕加索的一位朋友回忆，直到1910年，"毕加索经常会提到第四维，并拿着庞加莱的数学著作到处闲逛。"米勒评说：毕加索为其新艺术构想出了一种新的美学观点：将一切还原成几何图形。毕加索的空间同时性概念可谓是艺术中极端新颖的东西：同时表现完全不同的视点，这些视点不同的总合构成被描绘的物体。

毕加索开创的立体画派，扬弃了古典绘画中的单点透视与明暗烘托之技法，革新了用单一视角表现空间的模式。抽象画《亚威农少女》里的视觉形象，就是通过几何语言来表现的。

爱因斯坦的时间同时性与毕加索的概念共同之点在于：任何时间都没有一个优先视点。他们两个人的顿悟都源于一种感觉，即人们当时理解科学与艺术的方式中欠缺的某种东西。这也是庞加莱阐述同时性观点时所激发的那种与常识性直觉相违背、超越了感官知觉的新思维：在艺术上，空间同时性是不同的视点被同时全部表现出来，而不是众多连接的透视图。

为了达成把爱因斯坦与毕加索的传记并列起来进行比较研究的目的，米勒在《爱因斯坦·毕加索》一书中把他们的故事分成6章，每个人3章。第2章和第3章讨论了他们的性格形成年代，包括他们的教育、他们生活在其中而又试图突破的社会环境、科学氛围和智力环境，还包括他们作为年轻人的生活——涉及他们的女性密友和情人，以及密切地围绕着他们的男性朋友。后面几章，则探讨了他们的工作习惯、文化品位，以及导致他们创造性工作的动力和张力。

在科学与艺术领域，爱因斯坦和毕加索的探索，可谓殊途同归，人们看待事物和认识世界的方式由此得以改变。

《爱因斯坦·毕加索——空间、时间和动人心魄之美》，[英]阿瑟·I·米勒 著，方在庆、武梅红译，上海科技教育出版社。

超前的思想，迟到的荣誉

阿尔弗雷德·魏格纳/《海陆的起源》

1910年春的一天，躺在病床上的阿尔弗雷德·魏格纳（1880—1930年）无意中扫了一眼对面墙上挂着的世界地图，便注意到一个平日里不曾寻思过的奇特现象：大西洋的两岸——欧洲和非洲的西海岸遥对北南美洲的东海岸，其轮廓竟然有着极大的对应性。特别是巴西东端的直角突出部分，与非洲西岸凹入大陆的几内亚湾非常吻合。如果能够移动这两个大陆使它们靠拢的话，它们正好就能镶嵌在一起了。

这位刚过而立之年的德国气象学家当时觉得，这种巧合很有趣，但对此他并没有多想。第二年秋天，魏格纳偶然在一本论文集里看到一句话，非常惊讶，那句话是：根据古生物的论据，巴西和非洲曾经有过陆地连接。结合自己在格陵兰岛等地的考察经历，魏格纳心里冒出了一个大胆的设想：这两块大陆早些时候就是一个整体，只是到后来才因破裂、漂移而分开的。

接下来，魏格纳开始认真研究这个问题，并努力从各方面搜集地学资料，查找海陆漂移的证据。他在不少研究项目中发现，一些化石和岩石的种类与当时这些大陆的气候并不匹配。比如，在北冰洋的斯匹博根岛上发现了许多动物化石，而这些动物在过去只能生活在热带地区。如果不是斯匹博根岛“漂移”到目前的位置，那么，它在过去如何会“赶上”热带气候呢？另一个例子也令人称奇：人们在撒哈拉沙漠发现了一种叫做冰碛岩的沉积矿，但这却是由移动的冰河留下的奇特的沉积物。

1912年1月6日，德国法兰克福，魏格纳在一次学术会议上做了题为“大陆与海洋的起源”的演讲，第一次提出了“大陆漂移说”。过后不久，他应征入伍参加了第一次世界大战并两次负伤住院。养病期间，他得以集中、深入地思考和研究“大陆漂移说”的思想与证据，于 1915年出版了《海陆的起源》一书。但是，直至此书第三版英译本1924年面世之后，“大陆漂移说”才开始受到学术界的广泛关注。1937年，商务印书馆推出了沐绍良由日译本转译的《大陆移动论》，为该书最早的中译本。

当然，大陆漂移说实际上并不是魏格纳的新“发明”，因为大陆浮动的猜想古已有之。古希腊的泰勒斯曾设想大地是浮在水上的圆盘，古代中国人也有“地若浮舟”的说法，而大陆犬牙交错、相互对应的情况早在几百年前也进入了人们的视线。例如，英国哲学家弗兰西斯・培根（1561—1626年）和德国地理学家亚历山大・冯・洪堡（1769—1859年），都已注意到大西洋两岸轮廓的相似性，并认为这并非偶然现象。

魏格纳是第一个发表了有明确证据且符合逻辑的有关大陆移动理论的科学家。可是，他超前于时代的思想在当时受到了广泛的嘲笑、敌视和抵制，被挖苦为“一个漂亮的梦，一个伟大诗人之梦”，当人们“试图抱住它”时，将发现“他怀抱的只是一个泡沫或一缕轻烟”；美国哲学学会前任主席斯科特则公然抨击魏格纳的学说为“十足的该死的愚蠢想法”。

当年魏格纳是以“从事地质学研究的气象员”身份提出大陆漂移学说理论的，这难免让所谓的“专业人士”起疑。例如，耶鲁大学名誉古生物学教授查理·舒克特曾断定：“一个门外汉把他掌握的事实从一个学科移植到另一个学科，显然不会获得正确的结果。”

另外，魏格纳对大陆漂移动力机制解释上的瑕疵也留下了让他饱受攻击的“把柄”。大陆漂移说的主要问题在于，它不能给出令人信服的大陆漂移的解释——大陆移动的动力是什么；而且，魏格纳关于大陆移动速度的计算被证明是建立在不完善的测量基础之上的。魏格纳本人也明白，大陆运动的起因这一难题的真正答案仍有待去发现，并且“可能需要很长时间才能找到。”他曾在著作中感慨：“漂移理论的牛顿还没有出现”。

不过，倒是以“跨学科方式”使用其他学科的数据和观点进行研究，引领魏格纳获得了成功。事实上，魏格纳为大陆漂移说提供的最好的证据，如前所述，恰恰来自于他在气候领域所做的工作。魏格纳最根本也最有创造性的贡献在于，他首次揭示了大陆大规模水平运动的可能性，对当时占优势的海陆固定论形成了重大冲击；他还首次提出了大陆和海底是地表上的两个特殊的层壳，它们在岩石构成和海拔高度上彼此不同这样一个概念。

科学史家已经注意到，在科学史上，通过发现新机制能促使许多学科产生进步，而每一机制互动的部分又影响彼此的进步与其他特性。有时候，事件与它的原因之间不存在一个可信的机制相联系，即可能的机制与已知的不相容，就会阻碍从相关而来的因果推断。

例如，当巴里·马歇尔与罗宾·沃伦最初提出细菌引起溃疡的观点时，大多数人都认为胃内酸度太高而不适于细菌存活，所以不存在细菌引起溃疡的机制。后来，由于发现幽门螺杆菌产生氨气中和了胃酸而使自己生存，这就排除了细菌—溃疡机制的不可信性（这两位因发现了幽门螺杆菌以及这种细菌在胃炎和胃溃疡等疾病中的作用，被授予2005年诺贝尔生理学或医学奖）。

回头来看，与上述例子相类似的是，当魏格纳提出大陆漂移说时，他的理论被拒斥的部分原因是他对大陆运动提出的机制与当时的主流地球物理学观念不相容。或者说，他没能为大陆漂移说提供满意的力学机制。只有当20世纪60年代海底扩张说和板块构造说创立时，大陆漂移才真正被理解。板块构造说很好地解决了魏格纳生前一直没有解决的漂移动力问题，使地质学在一个新的高度上获得了全面的综合。

可以这么说，在海底扩张说基础上形成的板块构造说既肯定了大陆漂移的事实，又基本上解决了它的致命弱点——漂移的动力问题，使人们认识到板块运动是地球运动的一种基本形式。由此，地学也进入了一个新的发展阶段。大陆分久必合、合久必分，海洋时而扩张、时而封闭，已成为人们广为接受的地壳构造图景。

到了20世纪80年代，人们已然确信，从大陆漂移说的提出到板块构造说的确立，终于促成了一次名副其实的地球科学领域的伟大革命。作为魏格纳大陆运动之思想的继承者，板块构造说今天已被视为支持地球大陆之起源、结构和动力的首要理论。它在地球科学中的地位，就像血液循环说对于生理学、进化论对于生物学一样重要，而魏格纳大陆运动之思想在地球科学革命中的地位，正像哥白尼的主要贡献在天文学革命中的地位一样。今天，地球科学已被视为一门跨学科的复杂系统科学，显示出多学科交叉融合的特点。

魏格纳出生于柏林，父亲是一位传道士兼孤儿院院长。他小时候体质较弱，耐久力差，可他十分向往去北极探险，因而自觉乃至严酷地锻炼身体。由于父亲的阻止，他没能在高中毕业后就加入探险队，而是进入洪堡大学学习。1905年，魏格纳拿到天文学方向的博士学位，但此时他对地球物理学和气象学更有兴趣，于是就到林登堡航空气象台从事高空气象学研究，还先后任职于汉堡海洋气象台、汉堡大学、格拉茨大学。

魏格纳的人生结局堪称悲壮。1930年4月底，他第四次抵达格陵兰，试图重复测量格陵兰的经度，以便从大地测量方面进一步论证大陆漂移。不幸的是，他在过完50岁生日的第二天即遭遇强大的暴风雪袭击，倒在茫茫雪原上。他的遗体直到第二年4月才被发现——已经冻得像石头一样，与冰河浑然一体。

《海陆的起源》，［德］阿尔弗雷德·魏格纳著，李旭旦译，北京大学出版社。

一个顿悟和一次科学观的革命

托马斯·库恩/《科学革命的结构》

当今时代，科学史和科学哲学“圈子”之外，了解托马斯·库恩（1922—1996年）的人甚少；知晓其《科学革命的结构》一书，或者真正读过它的人，恐怕也并不多。然而，对于“范式”、“范式转换”这类用语，几乎没有人会感到陌生。事实上，这些库恩著作的核心字眼（理念）已然走出书斋，“俗”到了大众文化之中，乃至穿插于美国的一幕滑稽剧里——一只雏鸡破壳而出，环顾四周，啾啾叫道：“哎呦，范式转移了！原来这就是范式转移啊！”

库恩著作的社会影响，由此可见一斑。

2012年，适逢库恩诞辰90周年和《科学革命的结构》问世半个世纪，芝加哥大学出版社推出了这部名著的50周年纪念版，其封底印有如下一段文字：“一本好书或许能改变我们看世界的方式，而一部伟大的书，则会改变那些我们习以为常的概念，实际上会变成我们日常思维的一部分。”

所有这一切，或许都可以追溯到1947年夏季，令库恩难忘的一个顿悟。

当时，正在哈佛大学准备物理学博士学位论文的库恩，受时任校长詹姆斯·柯南特之邀，为其开设的一门通识教育课《论理解科学》做一个力学史案例研究。25岁的库恩十分珍惜这个当助教的机会——那是他第一次接触科学史并从事相关工作。他决定从阅读亚里士多德的文本入手，寻找以前的信念是什么。

读着读着，疑问来了：在多个学科领域都有重要建树的亚氏，“那特有的才能为什么一旦用到运动问题上就一败涂地呢？他怎么会对运动问题发表那么多明显荒谬的论点呢？而且更为重要的是，对这种错误观点怎么会有那么多的后继者这么长久地认真对待呢？我读得愈多，就愈感困惑。亚里士多德当然会犯错误，对此我并不怀疑，但是，怎么能想象他会错得那么离谱呢？”

在一个炎热的夏日，库恩沉思着这个谜一般的问题，将视线转向宿舍窗外的葡萄架和它投在窗上的阴影。就在此时，“我脑中的碎片突然以新的方式排序、组合在一起。我惊呆了。”库恩一下子领悟到，亚氏赋予其基本概念的含义，与现代物理学全然不同。其实，可以采取另一种方式阅读那些他一直苦苦攻读的文本，从而理解有关的入门途径。领会了这种新“读法”，并且在某种程度上已学会以亚氏的视角考虑问题，“许多明显的荒谬也不见了。”

阅读亚氏所得的教训，使库恩也明白了应当怎样去读波义耳、牛顿、拉瓦锡、道尔顿、玻耳兹曼和普朗克等人的书，并认识到，文本可能有多种多样的解读方法，拿现代最易于理解的方式用到过去，往往不合适。他还提出一条原则：“在阅读重要思想家的著作时首先要找出文本中明显荒谬之处，再问问你自己：一个神志清醒的人怎么会写出这样的东西来。如果你找到了一种答案，我还要说，有些段落虽然讲得通了，但你会发现还有更多的重要段落，以前你自以为懂了，现在意思却全变了。”

库恩自信，他那种解读文本并找到其意义的非凡才华，在发现隐藏在背后的概念结构时派上了用场。而与柯南特一起工作，也使他第一次相信，历史研究会产生出对科学研究之结构和功能的崭新解释。学期结束的时候，他知道自己该做什么了，如他后来所言：“我自始至终的目标是从历史中研究哲学……我想教会自己足够的科学史知识，使自己立足于科学史，从而进行哲学研究。”也就是说，将科学史与科学哲学相结合，以科学史的案例研究为基础来理解科学、从事科学哲学研究。

此时，库恩已从根本上破除了关于科学的本质和它所以特别成功之理由的许多基本观念，《科学革命的结构》一书在他心中也有了雏形。随后从事的科学史教学工作及受邀所做的一系列讲演，又促使他对自己初步形成的的新科学观进行了深入、系统的思考。

尤为关键的是，1958~1959年在斯坦福行为科学高级研究中心度过的那一年，库恩十分意外并且特别惊讶地注意到，社会科学家们对于合理的科学问题和科学方法的本质，竟有如此之多和如此之大的显著分歧。无论是历史还是现实都使他怀疑，自然科学家们对这些问题的答案，是否就比他们社会科学界的同事们的答案更明晰、更坚实。“我尝试着寻找那种分歧的根源，这使我认识到了后来我称之为‘范式’（paradigms）的东西在科学研究中的作用。我所说的‘范式’，是指那些得到普遍承认的科学成就，它们在一段时期内为实践者共同体提出典型的问题和解答。一旦我的疑难冰释，这篇论著的草稿就迅速地脱笔而出了。”

1959年6月，库恩为一个学术会议提交了一篇论文——《必要的张力》，此中第一次引入了范式的概念。过后不久，他又应邀为《国际统一科学百科全书》撰稿，遂想到以极其浓缩和纲要式的形式（因成书有篇幅限制）表达他新的科学观，向旧科学观念发起全面的挑战。《科学革命的结构》就此诞生。

在这部里程碑式的惊世之作中，库恩对科学发现的过程和科学运行机制进行了社会学分析，对通常所言的科学的“累积”特性和持续进步提出了质疑，并阐释了一系列有别于传统看法的新观点。他把常规科学表征为一种以范式为特征的解谜活动，认为科学的进步是循环式的。科学革命的结构如下：起先，是具有一个由特定科学实践形成的范式和包括特定学科在内、致力于解谜的常规科学；随后，是出现一种严重的、无法以现有世界观加以解释的反常现象，由此危机爆发并不断持续；接着，一项新的科学成就诞生，重新指导研究，并被奉为新一代的范式（这种现象就是“范式转换”），危机因而得以平息。这种不连续的变化构成了科学革命。或者说，科学革命的结果是一种新范式的诞生。

在库恩看来，范式一改变，这世界本身也随之改变了。换言之，接受一个新范式的科学家会以跟往前不一样的方式来看这个世界。即在革命和范式转换过程中，新、旧思想及主张不仅在逻辑上不相容、缺乏共同的标准与尺度，因此无法做出严格的比较和检验，而且即便是同样的用词，其真实含义也已改变。这便是所谓的“不可通约性”（incommensurability）。

尽管争议多多甚至一度还曾遭到近乎“围剿”式的抨击（同时对“范式”一词的误解和滥用亦十分普遍），但《科学革命的结构》所带来的科学观上的一次深刻革命，渐渐地还是得到了学界公认。这部现代思想文库中极有启发性的经典名著，俨然成为新时代科学哲学的“圣经”；其影响所及，也已延伸至社会文化的多个层面，并导致许多新兴研究领域的出现。

一部学术著作能够如此之“火”，亦属罕见。

《科学革命的结构》，[美]托马斯·库恩著，金吾伦、胡新和译，北京大学出版社；《结构之后的路》，[美]托马斯·库恩著，邱慧译，北京大学出版社；《必要的张力——科学的传统和变革论文选》，[美]托马斯·库恩著，范岱年、纪树立译，北京大学出版社；《哥白尼革命——西方思想发展中的行星天文学》，[美]托马斯·库恩著，吴国盛、张东林、李立译，北京大学出版社；《托马斯·库恩》，[美]托马斯·尼科尔斯编，魏洪钟译，复旦大学出版社。

制造“地狱里的天堂”

史蒂芬·霍金/《我的简史》

史蒂芬·霍金出生那天——1942年1月8日，正好是现代科学的重要奠基人伽利略逝世300周年的日子。这是许多有关霍金的传记文字都会提及并津津乐道的一件事，似乎这预示了某种科学使命或超人天赋的传承。

在2013年出版的自传《我的简史》中，霍金也未能免“俗”。不过，开篇谈到此事时他补了这么一句话：“我估计这一天出生的婴儿大约有20万名，但我不知道他们之中是否还有其他人对天文学感兴趣。”

霍金成长于北伦敦的海格特，他的父母都毕业于牛津大学。出身于佃农世家的父亲是研究热带病的专家，出身于医生家庭的母亲则从事过税务稽查员、秘书等多种职业。他们一家独来独往，不爱交际，在当地人眼中是一个比较古怪的家庭。

按照霍金自己的讲述，童年时代的他并没有显出什么特异之处。他所进的拜伦宫学校在当时是一所非常先进的学校。可

（后来）他却向父母抱怨说，这所学校从未教他任何东西。“拜伦宫的教育者们不相信那时被认可的灌输教育法。相反地，你被假定自己学习读书而没有意识到是被教的。我终于到相当晚的8岁才学会阅读。我的妹妹菲利帕被用更传统的方法教会阅读，4岁时即能阅读。但那时，她肯定比我聪明。”

少年霍金在班级里的成绩从未名列前面一半（那是一个所有学生都非常聪明的班级），他那很不整洁的作业常常让老师摇头。12岁时，霍金班里曾有两位同学用一袋糖果拿他打赌说，他将一事无成。可是，却有其他同学“看到了一些好征兆”，给他起了个“爱因斯坦”的绰号。

那一阵霍金迷上了火车模型和游戏，还建造过飞机模型和船舶模型。他对事物如何运行很感兴趣，喜欢将物件拆开，看看它们如何工作，可他的手工却十分差劲，并不擅长再将它们重新组装回去。如他后来所认识到的，“我的实际动手能力总不能和我的理论探索能力相匹配。”

课堂外的这些游戏和制作对霍金走上科学之路影响至深。在他看来，他对火车、船舶和飞机模型的钟情，来自于要了解系统如何运行和如何控制它们的强烈愿望。而从他开始攻读博士学位开始，他对宇宙学的探索就满足了这个需求。“如果你理解宇宙如何运行，在某种程度上，你就控制了它。”

然而，进入牛津大学攻读物理学之初霍金并不是一个勤于探索的好学生。那一时期在牛津，因为用功而得到较好等级被视为一个“灰人”的标志，是牛津词汇中最坏的诨名。你要么是不费劲学习而非常卓越，要么就接受自己能力有限的现实而得到第四等成绩。霍金估算过，在牛津3年期间，他大约只用功

1000小时，平均每天1小时。他那时的态度和多数同学并无二致，“我们都倾向于绝对厌倦，觉得没有任何东西值得努力追求。”

给霍金的人生带来巨大变化的转机，就出现在那之后不久。

在牛津的最后一年霍金注意到，他的身体正变得越来越笨拙，有一次竟然连摔了几个台阶。他去看医生，却只得到一句规劝：“别喝啤酒。”1962年10月进入剑桥大学读研究生后，他发现自己的身体更笨拙了。这一年圣诞节期间，他在湖上滑冰时跌倒，居然到了爬不起来的地步。他母亲注意到这个问题并带他看了医生。在他21岁生日刚过不久，又把他送进医院进行检查。

最终，霍金被确诊患上了可能在几年内致死的绝症——运动神经元疾病（ALS）。那是在1963年。当霍金意识到自己的情况会不断恶化而医生也无能为力，自己也许活不到完成博士论文时，已经很难做到专心致志了。他感到有点儿自怜，也“有点儿悲剧人物的味道”。《我的简史》记述，霍金在其病症还未得到诊断前，对生活极其厌倦，总觉得似乎没有什么事情值得去做。“我患病的一个后果就是把一切都改变了。当你面临夭折时，你就意识到生命是值得过的，因为有很多事情等你去做。”

出院后不久，霍金做了一个自己将被处死的梦。这使得他“忽然意识到，如果我被缓刑的话，还有很多我能做而且也值得做的事情。另外一个我曾做过很多次的梦是，我要牺牲自己的生命去救别人。毕竟，如果我反正都要死，不妨做一些好事。”

幸运与奇迹随之出现。“事情发生根本变化的原因是我和一个名叫简·王尔德的姑娘订婚，我是在被诊断为ALS病时邂逅了她。这给了我某种生活的动力。”

要结婚就得有一个工作，而要工作就必须完成博士论文。因此，霍金在一生中头一次开始用功。“令我惊讶的是，我发现我喜欢用功。”婚后的他得到简（当时还是韦斯特菲尔德学院的本科生）悉心照顾，学术方面突飞猛进，其宇宙学研究，特别是关于黑洞辐射机制的研究成果也开始受到关注。

1970年，在学术上声誉日隆的霍金病情渐渐加重，已无法自己走动，只能坐在轮椅上。1985年，由于肺炎发作，霍金动了一次气管切口手术，从此完全失去了说话的能力。然而，他依然在思考、研究、出成果，并且广受瞩目。他表达思想唯一的工具是一台电脑声音合成器。他用仅能活动的几个手指操纵一个特制的鼠标器在电脑屏幕上选择字母、单词来造句，然后通过电脑播放声音。

世人知道霍金的大名更多的是来自他撰写的一本有关宇宙学的著作《时间简史：从大爆炸到黑洞》。此书自1988年首版以来已被翻译成40多种文字，销售了近2500万册，创造了科学著作和全球出版史上的一个奇迹。

此后不久，人们看到了这样一幅照片，画面上仅有三个人，其中一位是当时世界上最有权势的人——美国总统克林顿，一位是当今科学界的泰斗级人物——坐在轮椅上的霍金。克林顿侧脸站在霍金身旁，向他鼓掌致意。照片注释只有寥寥十几个字：“一时的政客与永恒的学者”。这句话不禁让人联想到爱因斯坦的一句名言：“政治只看眼前，而方程式是永恒的”。

尽管霍金被“囚禁”在没有多少自由空间的轮椅上，但他却是我们这个时代最富于勇气、才智和成就的空间旅行者——他用他的思想对宇宙进行全面探索。虽然在许多人看来他遭受了“人生之大不幸”，可也就在这和“不幸”搏击的艰难历程中，印证了他的同胞、大诗人弥尔顿所言：“头脑是它自己的住所，它在其中可制造地狱里的天堂，也可制造天堂里的地狱。”

有一次，在学术报告结束之际，一位年轻的女记者这样发问：“霍金先生，运动神经元疾病已将你永远固定在轮椅上，你不认为命运让你失去太多了吗？”

面对这个略显唐突的问题，霍金用他当时还能活动的手指，艰难地叩击键盘。于是，随着合成器发出的标准伦敦音，宽大的投影屏上缓慢而醒目地显示出如下一段文字：我的手指还能活动；我的大脑还能思维；我有终生追求的理想，有我爱和爱我的亲人及朋友。对了，我还有一颗感恩的心……。

心灵震颤之后，掌声雷动。

《我的简史》，[英]史蒂芬・霍金著，吴忠超译，湖南科学技术出版社；《时间简史：从大爆炸到黑洞》，[英]史蒂芬・霍金著，许明贤、吴忠超译，湖南科学技术出版社；《果壳中的宇宙》，[英]史蒂芬・霍金著，吴忠超译，湖南科学技术出版社；《飞向无限——和霍金在一起的日子》，[英]简・霍金著，孙晶怡译，湖南科学技术出版社；《音乐移动群星：霍金传》，[英]简・霍金著，赵伯英等译，湖南科学技术出版社。

“DNA博士”的个人叙事

詹姆斯·沃森/《双螺旋：发现DNA结构的个人经历》

评判杰出科学家的伟大程度，或给影响人类历史进程的科学伟人排座次，是一种十分有趣却又极难达成共识的消遣。然而，如果要问，谁能入列世界上最最幸运或最最幸福的科学大家，我则可以毫不犹豫地报出一个人选：詹姆斯·沃森。

2013年4月，这位有着“DNA博士”美誉的传奇人物，在度过自己85岁生日之时，又迎来了他作为主角参与其中的、那个划时代发现60周年纪念日。他有理由为之骄傲：25岁时蜚声世界，34岁时荣膺诺贝尔奖，40岁时推出畅销全球、经久不衰的自传——《双螺旋：发现DNA结构的个人经历》。甚至，年过七旬之后，他依然还能站在科学巅峰，领衔人类基因组计划。

不仅如此。照我看，沃森仍有几项“桂冠”可戴：最“花”、最“懒”、（一度）最年轻的著名科学家；而助他赢得更大声名的《双螺旋：发现DNA结构的个人经历》一书，无疑还是最富争议也最具个性色彩的科学家自传。

这本“牛人”自传的问世，虽然距那个“20世纪下半叶最重要的科学发现”有15年之隔，但却是早早就有所谋划的。用沃森自己的话说，写自传的主要理由，“是为了避免后来的传记作家把你基本的生活事实写错了。”而且，在他与弗朗西斯·克里克如何发现DNA结构的故事中，“有许多叫人意想不到的曲曲折折，应该让公众知道，此事一直萦绕在我的心头。但是，在1962年春天纽约城的一次晚宴之前，怎么写这个故事，我还没有成形的想法。”

灵感，就在那次晚宴结束后的演讲中冒出。当时，沃森讲述了关于他们发现的“一个非常具有人情味的故事”，故事中的主要人物有莫里斯·威尔金斯（他与沃森和克里克共同分享了1962年诺贝尔生理学或医学奖）、罗莎琳德·富兰克林、欧文·查加夫和莱纳斯·鲍林。“他们没想到我那么直率而公正，惹得他们一阵阵大笑，也让听众们感觉到自己身在科学的那些伟大的瞬间之中。……回家的时候，我心里美滋滋的。我明白将来我可以写作……”

此后不久，在一个十分休闲并有美丽的女助手相伴的环境中，沃森没怎么费劲就写出了DNA故事的头几页，而且炮制出了那个特别吸引眼球的著名开头：“我从来没有看见弗朗西斯·克里克谦虚过。”（克里克后来在某本他一直未能完成的书的开场白中，“对应”式地写道：“吉姆总是笨手笨脚的，只要瞧一瞧他剥橘子就知道了。”）

接下来的几年间，沃森一直在断断续续地写他的书。其中有不少写实的、个性化的描述，也不乏他的“猎艳”心思和感悟。比如："我盼望着第二天下午在唐宁街举行的大学联欢会上，能有许多漂亮姑娘到场。"再如："即使在剑桥十分静谧的夜晚，花上一两分钟谈论外国姑娘的情感问题总是有效的提神良药。"

在有的地方，不管怎么看，沃森的坦率似乎都显得过了头。例如，第4章说到莫里斯·威尔金斯，有这么一段直露的表达："莫里斯注意到我的妹妹非常漂亮，很快他们就在一起吃午饭了。我非常高兴。好多年以来，当我看到一群傻瓜在追求伊丽莎白的时候，我就感到不快。现在，她的生活方式有可能突然发生改变。我不必再眼看着她将注定嫁给一个智力低下的家伙。而且，如果莫里斯真正爱上了我的妹妹，那么，我也将免不了跟他的DNA的X射线工作密切结合在一起了。"可最终这段"好事"未成，沃森感叹："无论我妹妹的美貌或者我对DNA结构的浓厚兴趣，都不能使他落入圈套。"

再说书还没有完稿，沃森就想好了一个别有意味的书名——《诚实的吉姆》，旨在回击威尔金斯的一个合作者威利·西子的挖苦之语，因为西子把沃森称作"诚实的吉姆"，后者显然是化用英国作家金斯利·艾米斯的代表作《幸运的吉姆》，这部喜剧作品尖锐地讽刺了古板的学院生活和充斥着虚情假意的精英文化。沃森决意"要直面西子提出的这个连讽带刺、具有争议的问题，要说清楚弗朗西斯和我在构想DNA结构的过程中，是否不恰当地使用了国王学院的保密数据。"

沃森心里有数，照他那么个率性、不羁的写法，他的书出来以后一定会让好些人不痛快，还有可能会引发事端。因此，在成书过程中，他花费了大量时间跟同事和朋友们频繁地交换意见。

此时，已有阅过部分手稿的出版界人士告诫他，这本用第一人称来描述的书，其言语、措辞太过尖刻，有可能会触犯一些人，并惹上诽谤官司（类似下面这样的说辞算是客气的了："在英国，甚至其他地方，大多数的植物学家和动物学家都是一帮糊涂虫。"）。这不，化学界声名显赫的大人物鲍林读罢手稿，就怒气冲冲地写来一封信，要求删除诸如"莱纳斯的神经病化学"以及"莱纳斯看起来像头蠢驴"之类的词句。

起初，口无遮拦的沃森还不大愿意舍弃这些外人读起来开心、当事人却甚感窝心的言语，后来，他多少还是作了一些妥协。但书中对于罗沙琳德·富兰克林个人品性和学术水准的负面描述仍存留不少，从而给该书"预设"了日后最为人诟病的靶子。2002年1月，沃森在一次访谈中被问及"《双螺旋》里主要的反面人物是谁"时，作了如下回答："罗莎琳德，因为她看起来就是那样。"他还说："富兰克林对待莫里斯的方式，使她看上去就像是个坏小孩。"

富兰克林于1958年英年早逝，与诺贝尔奖无缘。她所拍摄的DNA晶体衍射图片"照片51号"，以及关于此物质的相关数据，被认为是沃森和克里克解开DNA结构的关键线索，然而，它们却是在她生前不知情的情况下被获取并采用的。因此，有一种尚存争议的说法——沃森和克里克"偷窃"了富兰克林的实验数据。

对于书稿（书名一度改为《碱基对》），当时实际上最令沃森懊恼的是，就连他的“黄金搭档”克里克也认为，他的书“不是一本好历史”；“一些断言缺乏根据……，把科学史搞成了嚼舌头”；“哗众取宠，难以自圆”；“如果把它视为自传，那还有误导作用，趣味也恶劣。”随后，更大的打击到来：霍顿·米夫林出版社和哈佛大学出版社先后表态，不能出沃森的这本书。哈佛大学校长甚至亲自写信给出版社说：“哈佛不想介入科学家们之间的争斗。”

好在另外一些人并不这么看。例如，英国著名的晶体学家约翰·德斯蒙德·贝尔纳在一封信中写道：“我一口气看了。我认为这是一部关于科学史的小说，该书事实上也是这样写的。这本书无与伦比。它……激动人心。”还称“整篇故事不留情面地揭露了大科学家的那些发现中的愚蠢。”匈牙利出生的免疫学家乔治·克莱恩则在信中夸赞沃森，写到了“具有创造性的研究学者的兴奋、挫折、伟大、渺小，令人叹为观止。”同时还提醒他“……你得预备着大多数科学家敌意的反对；你不应该缓和你在书中的口气；要付印，就那样印，否则就不印。”

1968年2月，阿森纽出版社将书名更改为《双螺旋：发现DNA结构的个人经历》之后出版，并且很快就上了《纽约时报》的畅销书排行榜，连续在榜达16周之久。到年底，该书在美国卖出了7万册，在英国销量也达到了3万册。人们评价它以一种自然、清新和张扬的写作风格，描绘了一幅逼真的科学画卷。这当中，雄心、竞争和心计展露无遗，同时也彰显了沃森和克里克这两个初出茅庐的无名之辈，如何异想天开地“站在巨人的脚趾上”，于“竞赛”中击败那些功底深厚、学识渊博的科学名家，从而抢得头筹、大获成功的关键要素。

“我希望本书能够表明，科学很少像外行想象的那样，完全按照合乎逻辑的方式进行。相反，科学的进步（有时则是倒退），常常纯粹是人为的事件。其中，个性以及文化传统都起到了巨大的作用。为此，我试图再现当时对有关事件和人物的最初印象，而不是根据DNA结构发现之后我所知道的一切作出评价。……科学研究的风格就像人类性格一样丰富。”在《双螺旋》的序言中，沃森写下了这样一段话。他承认，书中的许多观点也许是片面的，甚至是不公正的。

《双螺旋：发现DNA结构的个人经历》问世将近40年后他又写道：“……琢磨着怎么讲故事，花了我差不多10年的时间。我这个版本的故事的人物与事件安排，许多人持反对意见，但是它抓住了公众的想象力，更何况这故事是第一次讲出来的。”他认为写自传最好是有话就直说，不带虚荣，也不怕羞耻，褒贬臧否，任人评说，因为评论家也必定会那样做。“从一开篇，我就希望《双螺旋：发现DNA结构的个人经历》的读者不限于科学界。因此，我把那些讲述科学的段落，跟讲述人、个人做法和动机的段落，掺和成一体。对故事不具根本意义的，我就不提了。”

在一次会议上，剑桥大学教授、1962年诺贝尔化学奖获得者马克斯·佩鲁茨曾这样评说沃森其人其事：“从不犯将艰苦工作同艰深思考相混淆的错误。他总是拒绝用一个代替另一个。当然，他也会空出时间去打网球和追女孩子。”在佩鲁茨笔下，年轻的沃森还有这样一副形象：“沃森总以缓慢的步伐四下转悠，仿佛在展示他那双整个学期都没有擦过的皮鞋（那段日子的一个怪癖）。每次他说话，一句话的尾音总是消失在低沉的鼻音中再伴随一声低哼。”

2000年5月，沃森在一次访谈中坦言：“DNA的发现只是水到渠成，并不是一件难事，……任何优秀的化学家都应该能够发现DNA结构。但除我之外，不太可能有人写得出《双螺旋：发现DNA结构的个人经历》。”

也许，如今仍不断重印的《双螺旋：发现DNA结构的个人经历》，已然或正在成就沃森在那个发现之外的另外一项伟业。

《双螺旋：发现DNA结构的个人经历》，[美]詹姆斯·沃森著，田洺译，三联书店；《不要烦人：科学生涯经验谈》，[美]詹姆斯·沃森著，王祖哲译，湖南科学技术出版社；《基因·女郎·伽莫夫：发现双螺旋之后》，[美]詹姆森·沃森著，钟扬、沈玮、赵琼、王旭译，上海科技教育出版社；《DNA：生命的秘密》，[美]詹姆斯·沃森、安德鲁·贝瑞著，陈雅云译，上海人民出版社；《DNA激情》，[美]詹姆斯·沃森著，迟文成、赵永波译，辽宁画报出版社；《DNA博士——与沃森的坦诚对话》，[匈牙利]伊什特万·豪尔吉陶伊著，钟扬、赵佳媛、杨桢译，上海科学技术出版社。

在跌跌撞撞中发现“金矿”

弗朗西斯·克里克/《狂热的追求：科学发现之我见》

“我从来没有看见弗朗西斯·克里克谦虚过。”詹姆斯·沃森在他1968年出版的《双螺旋：发现DNA结构的个人经历》一书开篇这么写道。多年之后，克里克（1916—2004年）在他某本永远也没写完的书的开场白中，对小他12岁的那位“黄金搭档”则如法炮制了一句：“吉姆总是笨手笨脚的，只要瞧一瞧他剥橘子就知道了。”

《双螺旋：发现DNA结构的个人经历》问世20年后，克里克也推出了一部自传体著作——《狂热的追求——科学发现之我见》。相形之下，后者在对科学家同行及其相互间矛盾的描述上，要比前者平实、温和得多，而且基本上见不着沃森所津津乐道的儿女情长和八卦轶事，所以自然没招惹什么是非，也没产生多大的影响。它是这样开头的：“我生于1916年。那时正是第一次世界大战期间。我的双亲是一对中产阶级夫妇，住在英国中部北安普顿城附近。”

按照克里克的讲述，他的父母都没有科学基础，他关于周围世界的知识，是从父母给他买的《阿森·米儿童百科全书》获得的。这一系列出版物在每一期中都包括艺术、科学、历史、神话和文学等方面的内容，并且十分有趣，克里克最感兴趣的是科学。他吸取了各种知识，并为知道了超出日常经验、出乎意料的答案而洋洋得意，自认为是一块做科学家的料。

“能够发现它们是多么了不起啊！在这么小的年纪我就决心要成为一个科学家了。”克里克写道。可是，渐渐地忧虑也萦绕在他心头：“等到我长大后（当时看来这是很遥远的事），会不会所有的东西都已经被发现了呢？”

少年克里克把他的这种担心告诉了母亲，一向看好他并深信他才能超群的母亲安抚他说：“别担心！宝贝儿，还会剩下许多东西等着你去发现呢！”

在父母的支持下，克里克10~12岁时，就在家里照着一本中学化学课本学做实验。尝试制造人造丝失败后，他又往瓶子里放置爆炸混合物，通电使它们爆炸。这自然引起了父母的担心，最后他们达成了一个折中的办法：把瓶子放在水池里再去引爆。

克里克回忆，那个时候，“我对世界充满好奇，有逻辑头脑和进取心，只要有兴趣就愿意努力去干。如果说我的缺点，那就是当我能轻易地领会一件事时，我就认为已经彻底懂得它了。”（不过，克里克成名后，他所在中学的校长却表示，当年在米尔希尔中学，没有人“预期克里克的未来会如此光明灿烂。”）

1937年从伦敦大学学院获得物理学学士学位后，克里克留校做过一段时间研究工作。“二战”期间，他为军方设计特制水雷，做得相当成功。可当战争结束时，他却不知道该干什么工作了。但他心里明白，自己的事业起步已晚，因此必须第一次就作出正确的选择。

《狂热的追求——科学发现之我见》主要描述了从1953年DNA双螺旋的发现，到1966年遗传密码的破译，这段经典分子生物学发展时期作者个人的一些经历和体会。他坦言，他选择的是那些他觉得大家都有兴趣，或者具有普遍意义的事件，人们或许能从中得出一些经验和教训。比如应该怎样进行科研工作，怎样避免错误特别是生物学方面的错误，等。

为此，克里克在失误上所花费的笔墨比在成功上要多。其中有一节叙及他事业“转型”的心理历程：有一天，他跟几位对科学有兴趣的海军军官热情地谈论起抗生素（青霉素之类）的新发展，十分激动。但当晚他却意识到，实际上他对这个问题并不懂，只是从书刊里读过相关内容，了解一点而已。

“我感到我并不是对他们讲科学，而是在闲聊。”克里克写道：“这种感觉启发了我，于是我发明了‘闲聊检验’——你所闲聊的事情就是你真正感兴趣的事情。我毫不犹豫地把这个检验用到当时的谈话上。很快，我把兴趣集中到两个主要领域：一个是生命和非生命之间的界限，一个是脑的活动方式。进一步的思考表明，这两个题目有共同之处：它们都涉及目前科学还不能解释的许多问题。”

克里克为自己的认识和进展感到高兴。他仿佛在知识的崇山峻岭之中找到了一条通道，并且可以隐约看到他想去的地方。他的下一个问题是要决定做什么工作，而同样重要的问题是去哪里工作。当时，科学界已有人认识到，把现代物理技术应用于生物学问题十分重要、大有可为。克里克得到忠告："你应该到剑桥去。"

1947年，克里克进入剑桥大学学习生物学。4年之后，他在那里遇到了沃森。又过了两年，这两个初出茅庐的无名之辈做出了"20世纪下半叶最重要的科学发现"——构建出DNA结构模型，轰动世界。

回望成功之路，克里克认为他与沃森值得称道之处"也许是当某些设想站不住脚时，我们总是乐于并坚决抛弃它们。……许多尝试的失败不是因为研究者不够聪明，而是因为他们钻入了死胡同，或稍遇困难就很快放弃了。"

但这还不是主要的，他们也清楚应该怎样避免做不必要的研究。"我想我和吉姆主要的长处是，我们在科研生涯的初期就选择了正确的方向，并一直坚持研究下去。在跌跌撞撞的摸索中我们偶然发现了金矿，这确实不假，但事实上我们当时正在寻找金矿。我们两人都完全独立地判定分子生物学的核心问题是基因的化学结构。"

事实上，早在20世纪20年代，美国遗传学家赫尔曼·穆勒就提出了这一看法，此后很多人都持有相同的观点。克里克与沃森认为，事情可能不像表面上那样极端复杂，也许存在找到答案的捷径。

"说来奇怪，我坚信这一点部分是因为我很熟悉当时蛋白质方面的知识。我们根本不知道答案是什么，但是我们觉得它非常重要，所以下决心从任何相关方面顽强地思考它。”克里克说，实际上，没有任何其他人准备进行这样的智力投资，因为这不仅要学习遗传学、生物学、化学和物理学，而且还要从中去粗取精。“没完没了的讨论是必不可少的，有时简直令人心智枯竭。如果没有强烈的兴趣，任何人都无法忍受这一切。”

当年，克里克与沃森这两个名不见经传、专业基础也不甚牢靠的“闯关者”，居然能够在那一场意义重大且影响深远的“科学竞赛”中击败大方之家，拔得头筹，确实令许多人大跌眼镜。毫无疑问，他们的成功，亦在很大程度上得益于跨学科、跨领域的交流、探索和思考。克里克感到非常奇怪，那时大多数遗传学家和蛋白质化学家从未认真考虑过他们各自的领域是密切联系的。每一领域的科学家们在向自己的目标努力时，也很少注意到另一领域的情况。

使人们真正意识到两个领域之间联系的是一些崭新的、惊人的实验结果，它们以激动人心的方式明显地将不同的学科联系起来。“一个好的例子抵得上一吨理论。有了它，连接不同领域的桥梁很快就会被那些迫不及待想加入到新研究中去的科学家们挤得水泄不通。”

克里克在这本自传里对于自我的表述笔调，与沃森在《双螺旋：发现DNA结构的个人经历》里不时流露出的夸耀语气，形成了颇为鲜明的对照。比如他这样写道：“如果吉姆被网球击中而死，有理由相信我无法独立解决这一结构。……如果吉姆和我没有成功，我想双螺旋的发现最多不过推迟两三年。

……与其说是沃森与克里克得出了DNA结构，不如说是DNA结构造就了沃森与克里克。”

他在书中这样评价他的科学家同行：“有的科学家工作过分努力，以致没有时间进行认真的思考。他们应该注意这个谚语：‘过分忙碌的一生是虚度的一生。’”——比较一下沃森在《双螺旋：发现DNA结构的个人经历》中的用语：“当时有些科学家……。许多人是刚愎自用的蠢货，他们总是作出错误的判断。……其实相当多的科学家不仅气量狭小、反应迟缓，而且确实愚蠢。”

书中文字还有不少涉及克里克对科研生活的回忆和感触。发现DNA结构之后的第二年夏天，他到美国做了一段时间的研究工作。“大多数下午，吉姆、伽莫夫和我坐在别墅外的海滩上，一起讨论遗传密码问题的各个方面、闲聊或是看伽莫夫为近旁的漂亮姑娘表演他的纸牌戏法，那时的科研生活可不像现在这样紧张忙碌。”

而沃森也曾有这样的感悟：“早期生活的不断回忆，使我对欧洲产生了一种清晰的印象，觉得欧洲慢节奏的传统更有利于产生一流的主意。”

克里克这本自传的题目（《What Mad Pursuit?》），出自19世纪英国著名诗人济慈的一首诗《希腊古瓷颂》，确切的翻译或许应该是：你究竟在如此疯狂地追求什么呢？它最初被用作克里克一个学术报告的标题。那是在发现DNA结构之前，克里克找到他的老师，1962年诺贝尔化学奖获得者约翰·肯德鲁，告诉他自己所要讲的东西，并请教他应该起个什么题目。肯德鲁说：为什么不叫它“狂热的追求”呢？克里克就照他说的做了。

对于克里克来说，所谓“狂热的追求”，自然就是他年轻时定下的那个志向——揭开生命之谜与意识之谜了。

晚年的克里克将科学研究的方向聚焦于神经科学，特别对视觉系统的理论和模型产生了浓厚的兴趣，并致力于用科学方法来解释意识的奥秘。他坚信意识这个心理学的难题，最终可以用神经科学的方法来解决。神经科学领域的一位学者赞誉说：

“弗朗西斯·克里克是一位善于提出问题并给出惊人回答的天才。在一个细胞的所有分子中，哪些是生命之源呢？他的回答引起了生物学家的变革。在大脑的所有细胞之中，哪些又是灵魂之源呢？他的探索本身就是一个神奇的科学故事，正如他探索DNA分子结构一样富有戏剧性。”

《狂热的追求——科学发现之我见》，[英]弗朗西斯·克里克著，吕向东、唐孝威译，中国科学技术大学出版社；《惊人的假说》，[英]弗朗西斯·克里克著，汪云九等译，湖南科学技术出版社。

从爪子判断这是一头雄狮

冯·诺伊曼/《计算机与人脑》

大约在1922—1923年，马尔堡大学教授赫伯特·弗伦克尔收到德国柏林的施密特教授寄来的一份手稿《集合论的公理化》，作者是他不认识的约翰·冯·诺伊曼（1903—1957年）。施密特信中称，因为这篇论文“读起来难以理解”，所以要请他发表看法。

弗伦克尔后来回忆当年情况时道：“我不能坚持说理解了一切，但可以确有把握地说这是一部了不起的著作，并‘从爪子判断这是一头雄狮’。我一边回复表达了这个意思，一边邀请这位年轻的学者到马尔堡做客，我们面对面讨论一些问题。”

“从爪子判断这是一头雄狮”系两个半世纪前，瑞士数学家丹尼尔·伯努利用在牛顿身上的一句话。当时，伯努利看到一篇作者匿名的数学论文，马上就认出它出自牛顿的手笔。弗伦克尔的判断也没错，他接待的那位刚满20岁的匈牙利学者，此后正是以这篇博士论文在一些重量级人物中间的传阅，而在数学界名声大振。

冯·诺伊曼1903年12月28日出生于匈牙利首都布达佩斯一个富裕的犹太家庭。他的父亲是个银行家，还是个颇有浪漫气息的业余诗人。他有意识地将家庭晚餐变成培育智慧的有效课堂，鼓励家庭成员包括他本人，都要提出白天令自己感兴趣的特别主题，供大家分析讨论。他常常还把他资助的新型企业生产的样品或模型带回家，让家人见识一下。有时他也会在餐桌上叙述白天银行里的决策，问孩子们，如果换成他们，将对某个投资机会或负债风险作何反应，又如何权衡?

置身于这样一个宽松、自由的环境里，冯·诺伊曼得以比较全面的发展。他喜欢语言，对历史也很感兴趣，6岁的时候他就能用古希腊语跟他父亲聊天，不到10岁他就“啃”完了整整44卷《世界史》，并且展现出超强的记忆力和数学能力。

出于就业、谋生的“实际”考虑，冯·诺伊曼起初遵从父亲的意愿到国外学习化学工程。后来他还是改了行，专搞数学研究。1930年，冯·诺伊曼接受普林斯顿高等研究院客座教授的职位，来到了美国。1937年战争临近之时，他被任命为美国陆军弹道研究实验室顾问，并在1943年介入原子弹研究项目，为阐明核弹的安装进行计算。

在这紧张的战争年代，冯·诺伊曼也不忘享受人生。他喜欢聚会、美食和赌钱，也酷爱恶作剧、讲荤段子和玩扑克牌。有本杂志曾载文调侃他的好吃和发胖，说：“他什么都会算。就是不会算卡路里（热量）。”而恰恰是扑克牌中包含的冒险因素、斗争和对抗以及不确定性，促使冯·诺伊曼研究博弈学，即“取胜的策略”，并让他意识到相关理论可以应用到经济学、政治学、外交政策等领域中去。

1944年8月初的一天，美国年轻的数学家赫尔曼·戈德斯坦在阿伯丁火车站等候去往费城的火车时，于站台上邂逅已经世界闻名的冯·诺伊曼。在作了自我介绍后，戈德斯坦抓住机会向冯·诺伊曼讨教，并告之他正致力研发一种每秒可以完成333次乘法运算的电子计算机。此乃世界上第一台电子计算机“埃尼阿克”（电子数字积分计算器，简称ENIAC）。

冯·诺伊曼来了兴趣，表示很想去看看那台机器。几天后，他的愿望得到了满足。参观之前，美国工程师埃克特（埃尼阿克的两个主要研制者之一）对戈德斯坦说，只要听听冯·诺伊曼问的第一个问题就能判断他是不是真正的天才。见面时，冯·诺伊曼刚扫了几眼计算机，就问起了机器的逻辑结构——这正是埃克特所谓天才的标志。

在看到埃尼阿克之后不久，冯·诺伊曼就预测到电子计算机在我们有生之年会快上10亿倍。他还敏锐地意识到，计算机应该以转化为精确的、数学形式的逻辑为基础；而且，计算速度的提高不仅依赖于机器速度的提高，而且还倚重于计算方法的改进。随即他便着手分析埃尼阿克的缺陷，筹划造自己的计算机。

最初的革新指向了计算机的设计理念。针对计算速度的提高与人工编制程序的迟缓之间的矛盾——埃尼阿克就是因为解决不了这一难题而濒于夭折，其主要弊端是程序与计算分离，程序指令存放在机器的外部电路里——冯·诺伊曼提出了一个至关重要的创见：计算机的工作记忆（俗称“内存”）不仅可以储存运算所需的一批批数据，也能用来储存程序指令本身。一旦程序本身储存在内存之中，循环运算和其他指令的执行就只需要简单地从内存中的一处跳往另一处即可。

“存储程序型计算机”的设计思想，为现代计算机构建了完整的理论体系构，并成为计算机设计的基本原则。按照冯·诺伊曼的设想，计算机应该由存储器、运算器、控制器、输入、输出所组成（这就是后来人们所说的“冯·诺伊曼架构”）。当时，冯·诺伊曼已经开始思考并比较计算机与人脑，一度也曾悲观地感叹人之大脑的复杂性太“可怕”了，认为我们这些想了解大脑的人，跟周围那些“对算术闻所未闻”却试图了解埃尼阿克的人一样希望渺茫。

不过，冯·诺伊曼并没有就此放弃探索。在1945年春应邀为电子离散变量自动计算机（EDVAC）起草的逻辑框架（史称“101页报告”）中他写道：“这三种特殊的部分——中心算术系统、中央控制系统（与计算机一起）和存储器——相当于人类神经系统中的联想神经元，还需要讨论感觉的或传入的以及传动蛋白或传出神经元的对等物。这些是该装置的输入和输出器官……”这份重要文件迄今仍被认为是现代计算机科学发展里程碑式的文献，它开辟了计算机发展史的新时代，也提供了一个伟大的数学头脑如何决定现代计算机技术发展方向的鲜活案例。

可惜，留给这位科学全才的时间不多了。1955年10月，正为耶鲁大学预定在来年春季学期开设的西利曼讲座准备讲稿的冯·诺伊曼，被查出患有癌症。1956年2月。在白宫，艾森豪威尔总统代表美国政府和人民为他颁授“自由勋章”。两个月后，冯·诺伊曼住进了医院。

在他病危期间，美国国防部长、陆军部长、海军部长、空军部长和参谋总长等围绕在他的病床周围，倾听他最后的建议。而他，几乎是在他生命的最后时刻，于临终的病榻上撰写了那部关于人的神经系统与计算机关系的讲稿。它主要是从逻辑和统计数学的角度，探讨计算机的运算和人脑思维的过程，并对“人造的自动机”（计算机）与“天然的自动机”（人脑）做了一些比较研究。书中的许多技术推论带有预测性，也有许多地方没来得及把意思展开和解释清楚。

1957年2月8日，一颗明亮耀眼的科学巨星陨落，冯·诺伊曼在华盛顿辞世。次年，他的讲稿以《计算机与人脑》为题由耶鲁大学出版社出版。34年后，诺曼·麦克雷在为冯·诺伊曼所写传记中，有一段对《计算机与人脑》一书的评述：

“这本书当中的某些部分尤其是结尾处十分精彩，可惜其他部分——癌症恶化时写的一些章节——并没有完全体现出约翰尼的聪明才智。美国一位并不谦虚的著名科学家说：‘我们永远都不能赶上他的思考速度，除了他生病住院时那令人伤心的最后一年。’”

作为20世纪在数学、现代计算机与博弈论等诸多领域内都卓有建树的最伟大的科学全才之一，冯·诺伊曼的发现和发明深刻地改变了世界，改变了人类的生活、工作乃至思维方式，极大地促进了社会的进步和文明的发展。拿破仑的一句名言——“天才人物就像流星一样，注定要燃烧自己，照亮他所在的时代。”——用在冯·诺伊曼身上再合适不过。

《计算机与人脑》，[美]冯·诺伊曼著，甘子玉译，北京大学出版社；《数学在科学和社会中的作用》，[美]冯·诺伊曼著，程钊、王丽霞、杨静编译，大连理工大学出版社；《天才的拓荒者：冯·诺伊曼传》，诺曼·麦克雷著，范秀华、朱朝辉、成嘉华译，上海科技教育出版社；《囚徒的困境：冯·诺伊曼、博弈论和原子弹之谜》，[美]威廉姆·庞德斯通著，吴鹤龄译，北京理工大学出版社。

学问交叉方获“业余成果”

王梓坤/《科学发现纵横谈》

在合适的时候读到合适的书，真是让人受用、受益一辈子啊——翻阅王梓坤撰著的《科学发现纵横谈》，我常常发出这样的感慨。

我最早是在求知若渴却多少又有些茫然的初中时代，有幸看到这个小册子的。说它是个小册子，决无轻薄的意思。因为此书10万字出头，确实不厚，文中每个小专题也就千把字篇幅。

《科学发现纵横谈》这部看似“成分”复杂的书——既可将其视为科普读物、科学发现史，也可把它看作是科学方法论、治学经验谈。不过，它所贯穿的两条主线，实际上是非常清晰的：纵谈古今中外科学发现的一般规律和过程，横谈成功者所具备的品质——德、识、才、学。这当中，作者通过撷取丰富的有意义的发现与事实，分析、总结了诸多前人的思考与见解、经验与教训，也提出了自己的体会和观点。书中许多名人的思想、经验、警句和诗话，读后让人爱不释手，备受启迪，堪称一部名副其实的励志名作。

30多年来，这本书一直让我有一种常读常新的感觉。我从中汲取的营养和力量，也潜移默化地融入到了我的工作、事业和生活之中。

就我们日常所见，一个人有学问未必有才能；即使才学有余也可能见识不高。因此，在王梓坤看来，德、识、才、学对人才的成长起着非常重要的作用，这些方面的缺陷往往会使他们与重大的科学发现失之交臂。他还用生动贴切的比喻——才如战斗队，学如后勤部，识是指挥员；才如斧刃，学如斧背，识是执斧柄的手——论述了才学识三者的辩证关系，又以此来考究了一些发人深省的问题。

例如，前人已在万有引力方面做了许多工作，但为什么是牛顿，而不是别人，在万有引力问题上作出了巨大的贡献呢？（这是因为各人的科学素养不同，各方面的修养、理论上储备的深浅不同。）再如，牛顿是卓越的科学工作者，同时却又是一个最虔诚的上帝的信徒，特别是在他后半生，竟用了25年的时间来研究神学，白白浪费了宝贵的光阴，为什么会是这样？（这启发我们：世界观对人的影响如此之大，当引以为戒。）

读《科学发现纵横谈》，我印象和感受最深的一点，是作者对“方法”的强调和看重。作者认为，做任何事情都要讲究方法，方法对头，才能使问题迎刃而解，收到事半功倍的效果。这方法，不仅要针对问题的实际，使之有效；而且需切合自己之所长，扬长避短，使之可行。因此，善于迅速地找到科学研究的有效方法，也是一种重要的才能。

在“谈学”几个专题中，作者对精读与博览、继承与创新、专业知识与邻近学科知识的关系、知识学习与科学研究的关系乃至资料的积累等，也有许多精辟的论述。这不仅让科研人员读了大有裨益，也能给大中学生改进学习方法、构建起合理的知识和智能结构带来许多有益的启示。

例如，作者主张，要在精读基础上博览。要建立研究据点，必须认真学好最基本的专业知识，在一个或几个邻近的科学领域内，下苦功夫精读几本最基本的、比较能照顾全面的专业书，最好是公认的名著或经典著作。精读后就可顺读、反读，也可专题读。顺读以致远，反读以溯源，专题读则重点深入以攻坚。如是反复，才能钩玄，得其精萃。如此一来，从精读开始，经过博而达到多学科的精；集多学科的精，就能达到某一方面或几大方面的更高水平的“精”。

王梓坤是我国的著名数学家、教育家，中国科学院院士，曾任北京师范大学校长。《科学发现纵横谈》实则是他“十年磨一剑”、厚积薄发的“业余成果”。作者后来回忆说：“我性嗜书，又喜笔录，每遇奇思妙想，丽词佳句，急抄之惟恐走失。如此多年，累积数册。但因数学教学与科研忙碌，无暇整理。后又读邓拓《燕山夜话》，惊其渊博，也许与他勤阅《太平御览》有关。同时也想到，似乎自己也可写点什么。”

直到20世纪70年代，由于众所周知的原因，各校停课，“靠边”无事，正是完愿的好时机。于是王梓坤一头扎进只有9平方米的“暗室”里，“不顾毛巾结冰，被头凝霜，虽手指冻烂而三易其稿”，终于写成《科学发现纵横谈》书稿上卷。他的邻居、历史学家刘泽华读后颇为赏识，建议他向《南开大学学报》投稿。稿子于1977年在学报哲学社会科学版上连载3期，“不意引起较大反响，读者纷纷赐教者千余函，以资鼓励，甚至有寄来红枣人参者。”

令作者又吃了一惊的是，“纵横谈”刚出第一期时，上海人民出版社的一位编辑便来长途电话约稿，希望看到全文，并愿出书。“我想这也是赶上时候了：以前都是些讲两条路线斗争的八股文章，我讲科学发现，内容新鲜活泼，文字写得还可以，就比较吸引人了。”《科学发现纵横谈》于1978年出书后连印6次，并于1980年荣获“全国新长征优秀科普作品奖”。1981年该书又被评为首届全国“我所喜欢的十本书”之一，至今仍在重印。

1995年至1996年间，发生了与该书有关的3件事。中宣部、国家教委、文化部、新闻出版署、团中央联合推荐百部爱国主义教育图书，《科学发现纵横谈》名列其中。“希望工程”向1万所农村学校各赠书500种，《科学发现纵横谈》也跻身其间。而《科技日报》自1996年4月4日至5月21日，将《科学发现纵横谈》连载——18年前的作品全文重新发表，实不多见。《科技日报》编辑在连载前言中说：“这是一组十分精彩、优美的文章，今天许许多多活跃在科研岗位上的朋友，都受过它们的启发，以至于他们中的一些人就是由于受到这些文章中阐发的思想指引，决定将自己的一生贡献给伟大的科学探索。”

此外，书中一些篇章，还曾先后转载于多种语文教材或文化读本中。

作者坦言：“写《纵横谈》是我几方面兴趣的产物——科普、诗词、历史、哲学、方法论。几门学问一交叉，才可能出成果。”在我看来，《科学发现纵横谈》的长销不衰和影响深远，正是作者自己实践书中所谈方法获得成功的一个最有说服力的例证。

《科学发现纵横谈》，王梓坤著，北京师范大学出版社；《莺啼梦晓：科研方法与成才之路》，王梓坤著，上海教育出版社。

他的故事，犹如史诗

张纯如/《蚕丝：钱学森传》

1994年秋我第一次拜访何祚庥院士时，获知他有一个座右铭："向一切成功者和失败者学习思想方法"。他向我解释说，正确的决断源自于理性严谨、求真务实的科学精神，也离不开正确的思想方法。他所选取的诠释成功者的事例，即是钱学森（1911—2009年）当年力主我国优先发展导弹技术的策略考虑。

那是在1956年，拟定国家"1956—1967十二年科学技术发展规划"的专家们（钱学森是综合规划组组长）讨论国防问题时，对我国空防应重点发展导弹还是空防飞机发生了争议。军事部门的一致意见是应重点发展空防飞机，以巩固我国的空防（那一阵边境常有敌机侵扰）。可当时，导弹还很少为人知晓，它能否成为国防技术的现实，尚无公论。何况我国又是一个科技落后的国家，有没有能力发展这种尖端技术？会不会在战略决策上犯过急的错误，这都令人生疑。

但钱学森力排众议，断然认为：我国应重点发展导弹。其理由是：从攻击、防御的角度看，导弹的性能均比飞机要优越。更重要的一点在于：掌握或开拓导弹技术并不见得比飞机更难——导弹使用的是一次性材料，飞机则不然，它对燃料、发动机以及结构材料都有特殊要求。而发展导弹技术，可暂时撇开上述需要长期经验积累才能解决的技术难题不管，专攻“制导”这一在短期内易于突破的课题……。钱学森具有真知灼见的分析自然为许多人（包括高层领导）所接受，于是，一个重大战略决策就确定下来了。

对于何祚庥所谈及的上述事例，华裔美籍作家张纯如（1968—2004年）在其撰写的《蚕丝：钱学森传》中只是轻点一笔：“钱学森确保了国防工业中的关键领域——原子能、导弹、计算机科学、半导体、电子学和自动化技术——被予以特殊重视。至关重要的是，他向中国政府提出，发展导弹的重要性远远高于发展飞机，因为导弹的速度更快，而且可以携带武器跨越洲际。”不过，这也足以凸出钱学森作为一个战略科学家的真正价值所在了。

《蚕丝：钱学森传》早在1995年就已问世，但迟至2011年4月才出了中译本。作者在书中前言里首先作了题解：“钱学森的一生是冷战的一个绝佳反讽。他是中国第一代导弹与卫星的缔造者，在第一次海湾战争中，伊拉克用以跟美军抗衡的‘春蚕’反舰导弹便是在他的主持下研制成功的。但他却在美国接受教育并成长……。钱学森的故事犹如史诗，包含了20世纪最惊心动魄的技术革命和政治冲突……。这也是一个关于美国政府如何在可耻的麦卡锡主义盛行的时代犯下最愚蠢错误的故事。

对共产党人的搜捕和迫害摧毁了美国许多最优秀的科学家的事业。”

按照这本传记的讲述，钱学森留美期间除了众所周知的那一段“折腾”，其实还曾遭逢过诸多不顺。例如，关于钱学森为什么在麻省理工学院仅仅待了一年就离开，而且不甚愉快，历来猜测纷纭。

据该书作者采访多名当事人后综合来看，无论是在性格上还是在科学研究的方法论上，钱学森与麻省理工学院都大相径庭。钱学森想要的是一种理论式的教育，而麻省理工学院的航空工程系则以培养具有实际动手能力、一毕业就能投入生产的工程师为傲。钱学森在中国的图书馆中长大。他的大多数美国同学则在家庭式的实验室中成长，在谷仓、地下室和车库里整日摆弄汽车零配件、脚踏车、无线电和飞机模型。

不过，加州理工学院似乎却很对钱学森的胃口。尤其是他所心仪的“师尊”冯·卡门以秉承德式理论思辨传统而著称，其带到加州理工学院的德式航空学研究方法——严格应用基础的数学和物理法则去解决基本的工程技术难题，也使他有如鱼得水之感；而这种理论化和强调依赖数学方法解决问题的研究方法，正好也是物理学家大规模进入太空研究领域时所倡导的研究方法。总之，这里强调的是纸和笔，而不是动手实践的经验。

对钱学森来说，与冯·卡门的面谈以及随后所形成的“天作之合”，是他生命中最重要的一段学习生活的开始，堪称他人生与事业的一个拐点。多年以后，冯·卡门在他的自传中写道：“1936年的一天，钱学森来拜访我，向我征求关于未来研究计划的建议。这是我们的第一次会面。我抬起头来，看到一个个头不高、表情严肃的年轻人。他在回答我的问题时精准异常。他敏锐深邃的思路立即给我留下深刻的印象，于是我建议他来加州理工学院进一步深造。”

钱学森也幸运地赶上了一个好时机。他来到加州理工学院之时，正是冯·卡门和其他一些学者携手开创理论物理学新纪元的关键时刻，因而使他得以参与到这一创造过程中，特别是许多关于飞行的最基本问题，比如液体压缩和结构屈曲的相关难题等。他与冯·卡门共同完成的高速空气动力学问题研究课题及合作建立的“卡门—钱近似”公式，使他在28岁时便成为世界知名的空气动力学家。

而在美国名校和军方担任重要学术职务期间，钱学森提出的火箭与航空领域中的若干重要概念、超前设想和科学预见，尤其是由他执笔撰写的有关美国战后飞机和火箭、导弹发展展望的报告，则奠定了他在力学和喷气推进领域的领先地位。

特别值得一提的是，在加州理工学院学习和工作期间，钱学森还以“常驻数学家”的身份（当然是调侃），加入了一个当时并不被校方重视和认可、因常发生爆炸事故而被戏称为“敢死队”的火箭研究小组。这个十分另类的“民间研究小组”采用团队合作的方式，将理论与实践很好地结合在一起，进行宏大而又前沿的研究，很快就见到成效并引起了航空界和军方的注意（他们随后几年的研究进展催生了美国的第一批导弹）。

由此不难窥出，日后美国乃至全世界在太空技术发展过程中的系统分工模式，在火箭研究小组施展身手之时已有雏形（此时研制原子弹的“曼哈顿工程”尚未开始实施）。毫无疑问，钱学森从中也受益良多，并在20年后将其灵活运用于我国国防尖端技术的实践，获得了新的突破，建立了卓越的功勋。

“正是因为钱学森，系统工程在中国成为一门科学。”《蚕丝：钱学森传》写道。无可否认，钱学森终生潜心研究的工程控制论、系统工程理论，除军事外还广泛应用于农业、林业乃至社会经济各个领域的实践活动，在我国的现代化建设中发挥了重要的作用。从当年发展导弹技术的策略，到人造卫星和载人航天起步方向的确立，实际上都打上了系统工程和科学发展观的印记。当这一切由理念而提升到运筹层面的时候，人们都能感受到这对国家的现在和未来意味着什么。这是我们事业的幸运，也是我们国家和民族的幸运。

晚年的钱学森十分重视系统思想和系统工程的传播。在他看来，系统思想是进行分析与综合的辩证思维工具。它在辩证唯物主义那里取得了哲学的表达形式，在运筹学和其他系统科学那里取得了定量的表述形式，在系统工程那里获得了丰富的实践内容。而系统工程则是从系统的认识出发，设计和实施一个整体，以求达到我们所希望得到的效果。他还总结道：“一个科学家，他首先必须有一个科学的人生观、宇宙观，必须掌握一个研究科学的科学方法。这样，他才能在任何时候都不致迷失道路。”

《蚕丝：钱学森传》，［美］张纯如著，鲁伊译，中信出版社；《钱学森故事》，涂元季、莹莹著，解放军出版社；《走近钱学森》，叶永烈著，上海交通大学出版社。

谋求我真正想要的东西

查尔斯·汤斯/

《激光如何偶然发现：一名科学家的探险历程》

好些著名科学家的传记给人们留下的印象是：这一类人大多打小就聪明绝顶、才华出众，并且就读于名校，师从名师，可谓是一帆风顺、“少年得志”。然而，激光的发明人之一、1964年诺贝尔物理学奖获得者、美国加州大学伯克利分校教授查尔斯·汤斯（1915—2015）可没有这般“传奇”。

汤斯生于1915年。他对孩童时代的记忆，主要就是父亲买下的一处20英亩的农场。他的父亲早年学习法律，是一位业余的博物学家；母亲亦有一定的学识，年纪轻轻就留在家里相夫教子。这对夫妇在勤做礼拜、行为得体和学校功课方面要求很严格，但同时也非常支持孩子们课余的求知探奇，他们是把教育当作一种自然和自动的义务来看待的。

汤斯起初跟哥哥亨利一样，对生物学很有兴趣。但他感觉到亨利在那方面比他强得多，就下意识地放弃了。排在生物学之后的数学，是汤斯最初的一个优先选择，这可能由于教他数学的那位优秀教师马歇尔·厄尔是其远房亲戚的缘故。可汤斯最终还是选择了物理学。物理学以它本身所具有的发挥数学逻辑的丰富资源，以及由于它看来同现实世界的联系比数学更加紧密而吸引了汤斯。他认识到，物理学是一门精确的、合乎逻辑的、定量的科学，（它）“看来能使我真正了解事物是怎样运作的。”

汤斯的本科是在默默无闻的富尔曼大学念的。这是距离他家不远的一所浸礼会的学校，当时只有500名学生。在那些日子里，富尔曼的教授们没有很多的研究工作要做，但它拥有一支知识水平很高的教师队伍，教学也很灵活——可以到任何一个系选修那些特别出色的课程。实际上汤斯能选修学校开设的几乎所有的好课程。这使得他在那里既拿到了一个物理学的理科学士学位，又获得了一个第二学位——现代语言学的文科学士学位。就读于富尔曼的时候，汤斯还通过做家庭教师、照料富尔曼博物馆，以及为他家的农场销售苹果而赚了一点钱。他在晚年饱含深情地写道：“我总觉得富尔曼给了我一种极好的广阔的经验。”

1935年，汤斯从富尔曼大学毕业。他希望能够继续深造，可他没能从他发出申请的几所有名的大学得到任何奖学金或研究职位。最后杜克大学给他提供了一个助教职位。那时候，杜克大学的物理学在美国还不是第一流的，但它在光谱学和宇宙线物理学方面做的还不错，足以让汤斯开始自己最初在物理学研究上的真正尝试了。

可令汤斯感到沮丧的是，在杜克大学拿到硕士学位后，他向几所名牌大学寄去的读博申请竟然都被拒绝了。最后，他做了一个孤注一掷的决定：在事先没有得到助学金的情况下，去到美国西海岸的加利福尼亚理工学院读博，并终于因祸得福，在良好的学术氛围中获得了一生受用不尽的教导，还做出了不少富有成效的业绩。正如他后来所评述的那样："从某种意义上说，去往加州理工学院对我而言是一种失败——我没能从自己首选的几所研究生院得到财政资助。但那却是使我终身受益的一场失败，一场幸运的失败，因为它迫使我直接去谋求我真正想要的东西。"

就在拿到博士学位那一年，即1939年，汤斯心中的理想似乎也明朗起来了："我要以某种方式迈开我的步子，找到我能够承担教学和研究工作的一所一流大学的教师职位。"然而，残酷的现实又一次击碎了汤斯的美梦。在20世纪30年代的经济大萧条期间，美国那些研究型的大学几乎都没有雇请新的物理学家，于是汤斯只好去了当时在基础研究方面还不怎么出名的贝尔实验室。

关于这段经历，汤斯是这样叙述的：当时他的目标是去一处学术机构，一个致力于了解事物本源进而理解事物的地方，而根本无意于帮助某些公司制造物件或赚取钱财。当贝尔实验室派人到加州理工学院招募毕业生时，汤斯的研究顾问斯密特教授向招募小组作了推荐，说了不少他的好话。"他们要我填写一份表格。我填了，但没有多少热情。不久斯密特就接到一个电话，大意是说：‘汤斯那个家伙是怎么回事？这是我们看到过的最马虎和最潦草的申请表了。他看来对此没有什么诚意。’斯密特很快就打电话给我说，我最好还是认真对待这件事。也许部分地是由于他为我好而作出的恳切请求，我得到了我的任命。”

在那之后不久，美国卷入第二次世界大战，汤斯也被迫放下物理学研究去从事与军事相关的工程设计工作。他其实真不想干，这也正是他害怕在一所工业实验室里会发生的事。不过，工作尚在进行之中，汤斯就被那样的一种挑战性吸引住了：他们所承接的任务中的协作和试验，教会了他们怎样运作复杂的计划；而他们参与研制的几种雷达投弹和导航系统所涉及的原则性和启发性思路，对于他后来的大部分研究经历，包括脉泽和激光研制、开发，又起到了十分重要的作用。寻着这样的一些思路，汤斯提出了一个又一个新颖的设想，攻克了一个又一个难关，为微波波谱学这门新学科做了许多开创性的工作，最终也走上了斯德哥尔摩的领奖之路。

没有得到第一流大学的职位，没有进入自己理想中的研究单位，对汤斯来说真是“塞翁失马，焉知非福”。他在晚年感叹道：“谁也不能预知什么样的失败背后隐藏着真正的成功，因此最好的做法就是简单地去做在当时看来还算对头的事情。深思熟虑然后再走向失败是愚不可及的！无论如何，知道这一点是很有用的，当你心里怀着失败的感觉时，后来的结果却可能是非常美妙的。”

汤斯的故事启发我们：成功的路径不只一条。具备各种理想的条件或环境固然很好，但即便没有也不必泄气，更不能自暴自弃，而是要审时度势，扬长避短，努力闯出一条适合于自己发展的成功之路。

《激光如何偶然发现——一名科学家的探险历程》，[美]查尔斯·H·汤斯著，关宏译，上海科技教育出版社；《创造波浪：从微波激射器到我的科学观》，[美]查尔斯·H·汤斯著，颜严译，雷仕湛校，上海科技教育出版社。

“科学大纲”诞生记

艾萨克·阿西莫夫/《阿西莫夫最新科学指南》

“处在现代社会的人，如果一点也不知道科学发展的情形，一定会觉得不安，感到没有能力判断问题的性质和提出解决的途径。而且，对于宏伟的科学有初步的了解，可以使人们获得巨大的美的满足，使年轻人受到鼓舞，实现求知的欲望，并对人类智慧的潜力及所取得的成就有更深一层的理解。我之所以写这本书，就是想借此提供一个良好的开端。”这是《阿西莫夫最新科学指南》第一章“科学是什么”中的一段话。这部科普名著诞生的故事，说来也很有意思。

1959年5月13日，美国基础图书公司的编辑利昂·斯维尔斯基找到阿西莫夫，约请他为成年人写一本关于20世纪科学发展概观的科普读物。当时的阿西莫夫虽说已是一位声名显赫的科幻作家，但在科普创作方面则刚刚崭露头角。

斯维尔斯基找上门来，阿西莫夫自然很高兴，正如他事后回忆时所说：“我（很正确地）认为自己作为一名科学随笔作者的声誉开始超过我作为科幻作家的地位了。”他承认，那会儿他“有一点不必要的虚荣”，即害怕“自己作为一名科学作家的身份可能不被出版商认同，他们会简单地认为我‘只是科幻作家而已’。”

巧舌如簧的斯维尔斯基为吊阿西莫夫“胃口”，极尽奉承之能事。他吹捧说，全美国惟有阿西莫夫能胜任此书的撰写工作；同时，他还给阿西莫夫预付了1500美元——这是到那时为止阿西莫夫收到的最大的一笔预定金。

一席话真把阿西莫夫“煽”得心花怒放，可随后他又突然对在一本书中要解释如此众多的科学项目而感到紧张和不安，因而几乎想撒手不干：“有好几天，我一直处于可怕的彷徨之中。我想签（合同），却又怕签。我痛苦地举棋不定，这对我实在不堪忍受。”

在这当口，他在两个星期以前结识的女友珍妮特·杰普森给了他勇气和鼓励，据阿西莫夫讲：“她回答说我当然能够做，我必须要做，我不能拒绝那样的挑战，它将使我在专业上有所升华。”

至此阿西莫夫不再犹豫：“她说得完全正确，于是我就签了合同。这是珍尼特给我的不计其数的善良而判断正确的忠告的第一例。”（珍妮特·杰普森后来成为阿西莫夫的妻子。新版《科学指南》的扉页上写有这样一句题赠：To Janet Jeppson Asimov who shares my interest in science and every other aspect of my life.即：献给跟我一样热爱科学并同我一道生活的珍妮特·杰普森·阿西莫夫。）

但随后阿西莫夫就与编辑在书名上发生了争执。斯维尔斯基兴许是受到肖伯纳《聪明女人社会主义和资本主义指南》（*The Intelligent Woman's Guide to Socialism and Capitalism*）一书的启发，给新著取名为《聪明男人的科学指南》（*The Intelligent Man's Guide to Science*）。阿西莫夫认为不妥，因为书名中的Man含男性的意思，听起来像是专门写给优秀男士看的，这将会影响其销量，而他希望妇女也来读这本书。因此，他建议将书名中的“人”用person来表示，即把man改为person。

可斯维尔斯基却不以为然，他相信他起的书名一定会产生好的促销效果——因为买书的人即使不聪明，也是乐于将自己当作聪明人看的。阿西莫夫只能就范。

然而，数年后正是这个书名给阿西莫夫带来了一些麻烦。许多人指责说：它带有“性歧视”倾向，是大男子主义的表现，为此，“有许多妇女表示抗议”。阿西莫夫哭笑不得，只好声称：书名中的那个“聪明男人”实际上是指作者本人，而不是读者，也非泛指“男人聪明”，这才巧妙地避开了话题。但因此而又“诞生”了一种“阿西莫夫式的狂妄自大”。

要说《科学指南》一书的写作也真可谓是一波三折。依斯维尔斯基原先的设想，是要写一本由1901年起至1960年止的科学概览。阿西莫夫明确指出：将科学知识按年序作如此“隔断”介绍给读者毫无意义。他认为，介绍整个科学领域的唯一途径只能从宇宙写起，然后往下一步步介绍人类的各种知识，最后归结到人类的智慧；在介绍各门学科时，又按历史发展阶段来划分，首先介绍它的最初发现或最初的理论应用，然后沿着历史的发展一直介绍到今天的情况。事实证明，阿西莫夫这种清晰而富有逻辑的格式安排是十分明智、合理的，这成了他创作科学史类作品的一种非常成功的模式。

令人惊讶的是，尽管在动手创作之前曾经感到紧张和不安，但阿西莫夫下起笔来却是出奇地快：在不到3个月时间里，他居然写了40万字。1960年2月，阿西莫夫将大部分书稿交给了斯维尔斯基。因为篇幅太长，一卷无法出完，斯维尔斯基打算将内容删去一半。阿西莫夫愤怒地拒绝了这个提议，并以拒交最后两章书稿、不退预定金相“要挟”。斯维尔斯基只好举手投降，同意分两卷出书。

但斯维尔斯基还是耍了一点花招。阿西莫夫后来在评价斯维尔斯基其人时写道：“他是个好人，但却是个可恶的编辑——我很少遇见的这么几个编辑中的一个。他在《科学美国人》当了多年编辑，习惯于接受报道自己科研成果的科学界写来的重要科学文章。不幸的是，写文章的科学界很少能够跳出罗列资料的方式，清楚地表达自己的意思。斯维尔斯基的工作就是剪裁，删减整修，把他们的文章扭成形。显然，他一直没有改掉这个习惯。我收到校样后发现，经过他整修、剪裁后，我的书被修改得面目全非。我强烈地表示反对。”

于是他立刻找到斯维尔斯基，要求将所有删除的部分复原，但为时已晚。而且，斯维尔斯基（按照阿西莫夫的说法）还做了两件“浑事”：一是自己找人给这本书写了前言；二是不经他同意，在书中加进了“容易遭到公开指责”的观点。创作态度严谨的阿西莫夫捶胸顿足、痛心不已，将其视为耻辱之作，甚至在收到样书时也懒得去翻一翻。

30年过后，阿西莫夫在他的第三部自传中谈到这个早期版本时写道："在一定程度上，利昂·斯维尔斯基这么做了，但是即便如此，书出版以后还是与我所写的相去甚远，以至于我都无法面对。尽管这本书在经济上取得了巨大的成功，我却讨厌它。直到今天，看见它在我的书架上，我就觉得极端厌恶。"

可公众与评论界却不这么看。该书出版后受到了广泛一致的好评，并在获得国家图书奖提名后马上成了畅销书，同时取得了极大的经济效益。1961年11月，阿西莫夫惊喜地收到了第2张版税支票，面额是25600美元——这是他在大学任教时薪金的4倍，同时也是他当时所见过的数额最大的一张支票。

1964年，阿西莫夫应邀对《科学指南》进行重新编辑，这使他有了一个"雪耻"的机会。他改正了第1版中的一些错误，将两卷合为一卷，并更名为《聪明男人的科学新指南》。在这之后，脉冲星、黑洞、大陆漂移、人类登月、引力波、全息摄影等等新事物接连出现，阿西莫夫又对《科学指南》进行修订，于1972年出了第三版。

进入20世纪80年代，科学仍然不肯停止前进的脚步。我们有了新的膨胀的宇宙、关于恐龙灭绝的新学说，还有夸克、胶子、磁单极、统一场论，以及能源危机、家用电脑、机器人、致癌基因、间断的进化等，于是《科学指南》又出了第4版（1984年）。这部"科学大纲"式的作品历经数次修订，至今畅销不衰，堪称阿西莫夫最成功也最有影响的科普名著；而且，它在我国也广有影响，对我国科普事业的发展起到了重要的推动作用。

上世纪80年代初念中学时的我，已深深地迷上了阿西莫夫。有一天，我从饶忠华（当时的《科学画报》主编）的一篇文章中得知，阿西莫夫的科普名著《科学导游》已有中译本问世，于是便在那天下午兴冲冲地跑遍了柳州全城的书店，结果一无所获。在随后将近半年的时间里，我几乎每周都要到城里最大的一家书店中打听："阿西莫夫那本《科学导游》到了没有？"少年时代这段心有所寄、热切期盼的美好时光，令我终生难忘！（将近20年后，我给已是中国科普作家协会副理事长的饶先生写了一篇专访发表在《科技日报》上，特别提到了这件事。）

可当时偏居小城的我，尚不知道《科学导游》中译本其实早在1976年就由科学出版社出版了（其主导者是林自新先生，另见本书关于《不羁的思绪——阿西莫夫谈世事》一书的介绍）。不过书名已改为"自然科学基础知识"丛书，由《宇宙地球和大气》《从元素到基本粒子》《生命的起源》《人体与思维》四个分册构成。不同寻常的是，该书在首版后短短3年间便重印了3次。每册印数均在30万以上。可谓风行一时，这在当时我国的科普界产生了不小的反响，"阿西莫夫"这个名字由此也逐渐为我国读者所熟知。据说，主管科技工作、时任国务院副总理的方毅也很喜欢阿西莫夫的这几部科普作品。

1991年，科学普及出版社另起炉灶，组织翻译并出版了该书修订后的第2个中译本，名之曰《最新科学指南》（上、下册），这一版书只印了区区3400册，可很快也销售一空。江苏人民出版社1999年2月推出的《阿西莫夫最新科学指南》印了8000册，其译者系初译本的原班人马，但书重新进行了“包装”，质量堪称上乘；而且，在书名上特意亮出了“阿西莫夫”这个“金字招牌”。其后这本书没有再重印。2015年，一个名为“花果山教育总群”的QQ群（其成员主要是小学生家长）涌起了阅读《阿西莫夫最新科学指南》的热潮，一时间阿西莫夫竟成为群里的热议人物，家长们甚至还以“众筹”形式，联系出版社重印这部名著……。

《阿西莫夫最新科学指南》，[美]艾萨克·阿西莫夫著，朱岚、程席法等译，江苏人民出版社；《人生舞台：阿西莫夫自传》，[美]艾萨克·阿西莫夫著，黄群、许关强译，上海科技教育出版社；《阿西莫夫：逸闻趣事》，[英]迈克尔·怀特著，叶秀敏、苏隆中译，内蒙古人民出版社。

此情可待成追忆

刘后一/《算得快》

这是一本内页微微泛黄、两角已然起褶的旧书，版权页上印着：1963年5月北京第1版，1978年2月北京第2版，1978年2月北京第6次印刷。

这是一位跨越了漫漫路途、播撒了数学种子的“园外园丁”，在“科学的春天”到来之时及随后的岁月里，它辗转走过了3个家庭、哺育了7个孩子。

这是一份饱含真挚情意、充盈时代气息的记录。它寄寓了一位老科普作家的理想、志趣和追求，也熔铸了他行进在科普创作道路上的艰难和辛酸。

我是那7个孩子当中的一个。当初哪里想得到，在幸会《算得快》20多年后，又会与它重逢，并与它的作者一家和新、旧两个版本的编辑结下了不解之缘！

还是从2002年说起吧。那年2月，我回故乡柳州过年。到姑母家做客时，在表弟的书柜里意外地发现了我那久违了的朋友——《算得快》，不由得惊喜地叫出声来："哇噻，我的第一本数学课外书！"

已经阔别20年了，眼前这本黄乎乎的小薄册泛着一股陈味，又旧又脏。可我捧着它一页一页地翻看，却感到十分亲切、温馨。只是在一瞬间，书中那4位倾心速算、个性鲜明的小主人公——高商、李月珍、杜小甫和王星海，又在我的记忆中活跃起来……

瞧，这书的封面上写下了2种姓氏5个孩子的名字，还盖了一个印章，这是怎么回事？

最清楚个中缘由的是我的父亲尹远源。我跟他提起《算得快》，他仍还记得书的封面铺黄底，上边印着小数学迷高商的大脑袋瓜儿。当我就这本书的来历再次打电话向父亲问询时，他讲了几句后便感慨道："这是当年你们几个孩子间的知识接力啊！"

大约是在1978年底，父亲从报上得知，中国少年儿童出版社新出的一本数学科普书《算得快》，很受欢迎和好评。一直怀才不遇、望子成龙心切的父亲，随即跑到城里的几家书店寻觅，但都一无所获，于是便写信向北京的亲戚求助。

书很快就由我的表伯赵一丁寄来了，可并不是新的——在书的左上角，还写着我的表哥和表姐的名字（赵平、赵楠）。原来，《算得快》一面世就成了"抢得快"、"销得快"，北京城里竟然也脱销了——后来我听说，《算得快》早年的每次发行，两三天内便被抢购一空。

这本从北京"迁"往柳州的数学启蒙读物，一度成了我课外形影不离的“宝贝”。正是在阅读《算得快》的过程中，我对数学产生了浓厚的兴趣。且说那一阵我跟大妹妹关系不好，老想“吃独食”，所以在书皮上就只写下我一个人的名字；还学表哥表姐注上拼音，又盖上了自己的印章。而大妹妹的名字（尹传剑），显然是由“主持公道”的父亲特意添上去的。

后来，小妹妹也长大了，于是在书皮上她姐姐的名字下方，用铅笔写下了自己的尊姓大名（尹传志）——我真搞不懂那时她为什么会那么“谦虚”。再后来，这本书又“传”给了我的两个表弟黄璟和黄瑞。不过，他俩并没有在书皮上留下“墨宝”。顺便说一句，这哥俩对数学很感兴趣，且都考上了名牌大学；老大还获得过全国中学生数学竞赛广西赛区第一名。

《算得快》让我记住了作者“刘后一”这个名字。

在我当年的想像中，他一定是一位知识渊博、戴着眼镜的老爷爷，兴许就是中国科学院数学研究所里跟陈景润做同事的老教授哩。但没过多久我就给弄糊涂了，因为父亲陆续买来的几本课外读物：《“北京人”的故事》《山顶洞人的故事》和《半坡人的故事》，作者都是刘后一（1924—1997年），可这几本书跟数学一点也不搭界呀？

直觉告诉我，这些书都是同一个刘后一写的，因为它们具有一些共同的特点：都是用故事体裁普及科学知识；故事铺陈中的人物都有比较鲜明的性格特征；再有就是语言活泼、通俗、流畅，读起来非常轻松。

一晃十多年过去了。大学毕业后我来到北京工作，在《科技日报》做编辑。1993年夏的一天，一个同事指了指靠窗边坐着的一位文静的女士，悄声对我说道："她叫刘碧玛，她爸爸就是写《算得快》的刘后一。"这着实让我吃了一惊，我说我可是刘老爷子的忠实读者，前几天还在报上看到周文斌写他的一篇文章呢（《刘后一和少儿科普》，刊于1993年5月29日《光明日报》），真没想到我会跟他的女儿做同事！

碧玛极易相处，渐渐地我们就成了彼此熟识、信赖的朋友。她跟我讲了好些她父亲的故事。我在20多年前的那个猜测，总算得到了证实。

缘分还不止于此。想不到我先后竟然又在不同的场合结识了老版（1978年版）《算得快》的编辑郑延慧、新版《算得快》的策划编辑薛晓哲，以及早在上世纪70年代末就报道过刘后一科普创作成果的记者周文斌。人生可真是奇妙啊，与《算得快》相关联的这些"巧"，怎么都让我给碰上啦？

我想拜会刘老先生的愿望，变得越来越强烈了。

1996年夏秋之间，我听说刘后一先生病了，便再次向碧玛提出去看看他老人家。几天过后，刘老先生让女儿捎来话说，谢谢我的好意，他很愿意见我，只是这一阵卧病在床，家里乱得很，过一段时间再说吧。

然而，此后不到半年便传来噩耗：老先生在参加科协组织的一次活动时，因脑溢血突发而匆匆离去。这一天是1997年1月24日。

未能见到"活生生"的刘老先生令我痛悔不已。我想，那我就去为他送行，作一下弥补吧。岂料，1月31日那天上午，当我在10点20分从郊区匆匆赶到八宝山时，追悼会因故已提前半个多小时举行，没让我赶上。这样，阴差阳错，我再也见不到他老人家了！不过，在后一先生逝世一周年之际，我怀着一种感恩、敬佩和找补的心情，组织、编发了有关他的大半个版的纪念文章，发表在1998年1月27日的《科技日报》上，这多少让我得到了一些宽慰。也正是在做这项工作的过程中，我对后一先生的品格、学识和涵养，以及多年来他从事科普创作所付出的辛劳和代价，所承受的艰难和重压，有了更进一步的了解。

郑延慧告诉我，上个世纪70年代初她接手编辑需修改再版的《算得快》时，曾到刘后一家去过几次，发现身为中科院古脊椎动物与古人类研究所研究人员的他处境十分窘迫。当时他一家5口，挤在两间大约8平方米的房子里，“除了床铺，难找别的空间。他常常只能在办公室里写作到深夜，而后就睡在办公室……一家人全靠他一个人微薄的工资生活”。谁能想到，《算得快》这部累计行销逾1000万册，并被译成多种文字的畅销书，以及同样也很受欢迎的《“北京人”的故事》等科普佳作，竟然是在这样一种环境下写成的呢？

在女儿刘碧玛眼中，父亲刘后一是一个胸怀大志、勤奋好学而又十分“正统”的人。他父母早逝、家境贫寒，有时连课本和练习本也买不起。寒暑假一到，他就去做商店学徒、修路工、制伞小工、家庭教师等，过着半工半读的生活……他之所以获得渊博的知识并在后来能写出大量的科普作品，靠的主要是刻苦自学。他长期业余从事科普创作，耗费了巨大的精力，然而所得到的稿酬并不多，甚至“不成比例”。尽管如此，他仍经常拿出稿酬买书赠给渴求知识的青少年，还曾资助了8个

“希望工程”的小学生背起书包走入学堂，并将《算得快》等书的重印稿酬全部捐赠给中国青少年基金会编辑出版的大型丛书“希望书库”。

刘后一是一个豁达大度的人。在他的心目中，身外之物远远不及他所钟情的科普创作重要，因此，在种种不公正的待遇乃至刁难面前，他都能够泰然处之，而不是斤斤计较、患得患失。他曾写道：“有的人情愿穷聊闲逛、‘打百分’，却看不惯别人业余给孩子写东西……有的人以己度人，认为你写些科普作品，无非是为了出名，得稿费而已。甚至造谣污蔑，打击陷害。”

在这篇题为《园外园丁的道路》的文章中，刘后一还戏称自己当年挑灯夜战的办公室，是他“耕耘笔墨的桃花源”。字里行间也透着欢快的笔调：“《算得快》出版了，书店里，很多小学生特意来买这本书。公园里，有的孩子聚精会神地看这本书。我开始感到一种从未有过的幸福与快乐，因为我虽然离开了教师岗位，但还是可以为孩子们服务。不是园丁，也是园丁，算得上是一个园外园丁么？我这样反问自己。”

当年，正是了解到一些孩子对算术学习感到吃力，后一先生才决定写一本学习速算的书。而这，跟他的古生物学专业压根就不沾边。他回忆道：

中国少年儿童出版社陈俊忻同志要我为孩子们写一本书，这对我倒是一件新鲜事。

“写什么呢？”

“眼下孩子们对算术学习感到费劲，能不能写一本书，诱发他们对算术的兴趣。”

我想起了在小学校给孩子们教“肚算”的情景，便决定写一本学习速算的书。怎样写呢？我带着这个问题走进了少年儿童图书馆，认识了一位老大姐，她叫陈俊慧，真巧，她是陈俊忻的姐姐。我向她说明了来意，她引我参观了架上陈列的书：故事书，翻得要破了；知识书，崭新得很。陈大姐的意思我懂了，孩子们爱看故事书，不爱看知识读物。能不能把两者结合起来，写成科学故事书呢？我的自我回答是肯定的。从此，我迈出了向科普创作道路前进的最关键的一步。

不会写，学着写。既是故事，就得有情节。情节是一件事一件事串起来的，就像动画片是一张一张画联结起来的一样，连续快放，就活动了。既是故事，就得有人物。很多小学生的形象在我脑际融会了，活跃起来了。他们各有各的爱好，各有各的性情，但都好学、向上、有礼貌、守纪律，一个个怪可爱的。

书写完了，得起个书名，有人提出《速算津梁》，未免太古雅；有人提出《怎样才能算得快？》又觉得太啰嗦。最后我决定：起名《算得快》，简单明了，一看就懂，而且合乎孩子口味。

《算得快》写于1962年。那时刘后一作为研究古生物的专家，正用数学统计的方法研究从周口店发掘出来的马化石。他敢接下这个他专业研究领域之外的活计，在很大程度上是出于兴趣。其实，他在很小的时候就和珠算结下了不解之缘。这个祖国的宝贵文化遗产曾是他的数学启蒙。他自小就向他当店员的姐夫学习打算盘，并对珠算作过一些研究。

《算得快》是通过几个小朋友的游戏、玩耍、提问、解答，将枯燥、深奥的数学问题，演绎成饶有兴趣的“儿戏”，寓教于乐，使儿童们在“乐中学”，掌握了与“儿戏”大相径庭的速算知识或曰速算科学。数理算法，严谨科学，却没有一点艰涩和故作高深。这种教育方法，同30年后中国珠算界在少儿珠心算教学中提倡和采取的“乐中学”应该是同源同根的。这种著述和教学方法，以《算得快》多次再版和千万多册的发行量，见证着科学和普及的方向应该是什么。它也阐释了一种朴素的“方法论”思想：世界上有很多复杂的事情，往往可以用更为简单的方法来解决和完成。

后来，刘后一又对《算得快》进行了两次较大的修改，一方面是删繁就简，将一些烦琐的推导式简化了；另一方面，却又将过去说得简略的地方作了补充，使要点更加突出，内容更加丰富。但是，考虑到少儿读者的接受能力，并没有增加学习的难度，乘除法仍然以两位数乘除为主。在第二次大的修改中，除了接受读者要求有所增减外，还介绍了一些国内外速算进展情况，只要是真正有所创造、发明，而又能为少年儿童接受的，他都尽量吸收其精华，奉献给读者。

曾几何时，社会上有过这样一种论点，认为人才有“潜”、“显”之分。“潜人才”对社会的奉献远远大于从社会中获得的回报，而“显人才”则恰恰相反。一切客观公正的人都会承认，“潜人才”这一称谓于刘后一当之无愧！

《算得快》，刘后一著，中国少年儿童出版社；《算得快的奥秘》，刘后一编著，湖北少年儿童出版社。

卷三

幻

科学之梦

噩梦激发的创作灵感

玛丽·雪莱/《弗兰肯斯坦》

今天恐怕已经没有人怀疑，克隆人和某种形式的人工生命迟早会被“科学魔法师”创造出来，并在社会上掀起巨大的波澜。比照一个诞生于将近200年前、最为惊世骇俗的故事，我们或能体味“异化的力量”所带来的阴影和恐惧，尽管迄今这仍还只是一种想象。

1816年夏，英国著名诗人珀西·雪莱和他的女友玛丽·雪莱（1797—1851年），应另一位著名诗人拜伦之邀前往瑞士旅行，住在日内瓦附近的乡间。一个阴雨连绵的晚上，雪莱夫妇与拜伦及一位医生朋友波利多里围坐在一起，朗读一册碰巧落在手里的德国鬼怪故事，聊以自娱。这些故事使他们心生异趣，并激起了加以戏谑性模仿的欲望。于是他们约定：每个人都要根据某起神秘的事件，各写一篇有关超自然现象的故事。

19岁的玛丽心里第一次涌起文学创作的冲动，因而对此尤为上心。在随后的一些日子里，雪莱几乎每天都要询问玛丽是否构思好了一个故事，她总是回答说“没有”。一天傍晚，雪莱与拜伦又凑到一块谈古论今，玛丽听他们提到了伊拉兹马斯·达尔文（进化论创立者查尔斯·达尔文的祖父）曾做过的人造生物实验：“生命的本质是什么？能否最终被发现……也许，我们能使尸体重新复活；也许，某种动物的各个部位都能制造出来，并装配在一起，最后赋予生命的温热。”

当天晚上，玛丽做了一个梦，“梦见一位脸色苍白的学者，正跪在他所创造的怪物旁边。显然，他所从事的工作是亵渎神明的。我见到一个可怕的幽灵躺在那里，一架功率强大的引擎正在启动，那幽灵同时开始颤抖，显现了生命的迹象。”

恶梦激发了玛丽的创作灵感，她随即着手构思自己的第一部文学作品——《弗兰肯斯坦》。它讲述的是，一个名叫弗兰肯斯坦的青年科学家，怀抱“为整个世界揭示自然造化之终极奥秘”的理想，借助电化学方法“拼装”出了一个生命体。然而，这却是一个奇丑无比的怪物。弗兰肯斯坦下意识地逃离了实验室。

被“主人”抛弃了的怪物四处游荡，本能地学会了照顾自己，还通过暗地里观摩、体悟，明白并熟悉了人类文化。本性善良的他希望博得人们的理解和友爱，可狰狞的面目却让他饱受歧视与敌意，也使他美好的愿望化为泡影。尊严丧失殆尽扭曲了怪物的灵魂，并激发了他对“主人”的仇恨。于是，他开始追杀弗兰肯斯坦及其家人，自己最终也跳海自尽。

1818年出版的《弗兰肯斯坦》，如今已被视为世界上第一部具备完整科幻小说特征、对后世影响深远的长篇小说，同时也被看作是科学对世界所产生的影响在文学上的第一次反响、一则关于创造和追求的忧心忡忡的寓言。科幻文学诞生的标志性事件发生在英国——产业革命的发祥地，决非偶然。那一时期的快速变革在改善人们生活的同时也冲击着整个社会和人类的心灵：科学的进一步发展还会带来什么？是幸福还是苦难？这样的探寻既隐含着对新生事物的恐惧和不知所措，也标记着某些价值的失落，以及某种深深的忧虑。

值得注意的是，玛丽·雪莱引用古希腊神话中普罗米修斯创造人类、为人类盗取天火并教给人类各种技艺的典故，为《弗兰肯斯坦》一书加了一个副标题："现代的普罗米修斯"。像传说中的普罗米修斯一样，弗兰肯斯坦的创造精神也受到了惩罚，但这种惩罚并非来自嫉妒的上帝，他的痛苦实际上缘自于他轻率创造的东西对自己权威性的挑战。从中我们不难窥见作者创作构思的源头，以及作品的内在含义和暗示。

《弗兰肯斯坦》中的怪人，在某种意义上代表着正在发展和渗透人类社会的科学技术，而"弗兰肯斯坦（Frankenstein）"一词，在英语中已被赋予了一种特定的涵义：自食其果或作法自毙的人。由这个故事所创造的一些原型母题，如科技发展的负面效应、科学对伦理的挑战等，也被后来的科幻小说和探讨科学对社会影响的论著一再采用。自作自受的弗兰肯斯坦，则成了不负责任的"邪恶科学家"的象征。

《弗兰肯斯坦》具有十分深刻的思想内涵：一方面，科学向上帝挑战，创造了奇迹；另一方面，这奇迹又与人类的传统本性格格不入。事实上，近200年来，这种尖锐的冲突在人类与技术进步之间一直都没有停止。弗兰肯斯坦的困境，何尝不是现代人的困境?

《弗兰肯斯坦》，［英］玛丽·雪莱著，张剑译，中国城市出版社；《怪物：玛丽·雪莱与弗兰肯斯坦的诅咒》，［美］多萝西·胡布勒、托马斯·胡布勒著，邓金明译，上海人民出版社；《雪莱夫人》，［英］L.M. 罗塞蒂著，陈琳译，江苏教育出版社；《幻想：探索未知世界的奇妙旅程》，尹传红著，湖北科学技术出版社。

在幻想中遨游世界

儒勒·凡尔纳/《气球上的五星期》

儒勒·凡尔纳（1828—1905年）中学毕业那年，经由父亲的“安排”，每天午后和晚上都要到其律师事务所见习。那是在法国西部的一个海港城市南特，凡尔纳生于斯长于斯，度过了快活的童年。

然而，当他情窦初开的时候，却织就了一个甜蜜而又苦涩的心结：他爱上了自己俊俏的表姐。面对这个注定没有结果的单恋，家人在他表姐订婚之际果断出手干预，于1848年把他送往巴黎学习法律。

就在这一年春天，法兰西爆发革命，宣告了法国君主制度的覆灭，法国宣布为共和国。凡尔纳这个年轻天真的自由主义者在首都开始了他的新生活。这个时期，他又对戏剧和诗歌产生了兴趣，在担任剧院秘书的同时，他曾创作过十多部话剧和歌剧。然而，这一番努力并没有给他带来多少财富和名誉。

从1848年到1862年这十多年间，这个仰慕雨果和大仲马的文学青年，在巴黎历经了政治理想的破灭、贫困生活的煎熬、情场失意的痛苦以及疾患的折磨，依然笔耕不辍、苦苦求索。1852年1月，他在致父亲的一封信中写道："我知道自己是个什么样的人；我也明白，将来有一天，我会成为一个什么样的人；既然诉讼代理人的行当你干得那么漂亮，而到了我手中又无法成功，相反，只能搞糟，那你怎么还把这项工作非压给我不可呢？"

他还在信中告诉父亲："命中注定我和巴黎搅在一起了。将来，我可能成为一个不错的文学家，但要当律师，我绝不会比一个蹩脚的律师好多少……那一直吸引我、让我梦寐以求的，是文学。"

父亲在回信中对儿子表示了宽容和理解。这实在是凡尔纳一生中的一大幸事。此时凡尔纳心里很明白，纯文学的路子实际上很窄。要想有所作为，就得独辟蹊径。这期间，他常常光顾国家图书馆，翻阅各种科学杂志、图书和报纸，了解各种新发明和新发现，对航空兴趣尤浓；同时，他开始系统地研究地理、数学、物理和化学等学科，并作了许多笔记，积累了大量的资料。渐渐地，热心于技术进步的凡尔纳萌生了一个想法：可以把技术资料与小说结合起来，把幻想与事实、冒险与科学原理融汇在一起撰写小说——他称之为"科学小说"。

1862年，34岁的凡尔纳写出了他的第一部"科学小说"——《乘坐气球旅行》，它讲的是费尔久逊博士及其伙伴乘气球飞越非洲的探险故事。凡尔纳不无自得地对他的朋友说：这部作品"跟气球的故事不同，而是有关非洲的故事。我一直对地理和旅行有浓厚的兴趣。我想对非洲作一番浪漫的描述。然而，除了乘气球，我没有任何办法让我的那些旅行家们去参观游览非洲。因此，那只气球被用上了。”

的确，自蒙哥尔费兄弟制造的热气球于1783年6月5日第一次升空后，描写气球的故事就层出不穷。凡尔纳受埃德加・爱伦・坡影响颇深（这位美国作家写过《汉斯・普法尔的不平凡的冒险》和《气球骗局》），他的这部小说看来取材于雅克・阿拉贡的气球旅游经历和一条真实的社会新闻：一位英国气球驾驶员升空后发现，他的乘客正在把连接气球和吊篮的吊索一根一根地切断。他意识到自己面对的是一个疯子，于是巧妙地与之周旋，最终将其制服并重返地面。

精明的编辑兼出版商儒勒・赫泽尔看到凡尔纳送来的手稿后眼睛为之一亮，他在这部小说中发现了作者所具有的那种异乎寻常的素质、学识和禀赋，还有作品题材、风格和形式上的创新。他建议将小说进行适当修改，凡尔纳一一照办。

1863年1月31日，《气球上的五星期》问世，不久即在法国乃至全世界范围内取得了巨大的成功。人们惊叹于这位作家善于创造使读者将纯粹虚构的事件，当成真实这样一种亲临其境的感受。当年，真有一位读者给赫泽尔写信，提出：“我希望您给我明确一下，费尔久逊博士是否真的乘坐气球飞越了非洲上空……”。

自《气球上的五星期》起，两个儒勒开始了长达30余年的友好合作。随后，凡尔纳陆续又写出了《地心游记》《从地球到月球》《八十天环游地球》《机器岛》，以及著名的三部曲

《格兰特船长的儿女》《海底两万里》《神秘岛》等六七十部“科学小说”。这些作品大多洋溢着乐观向上的主题，总是充盈着丰富的知识和自然科学方面的许多预言和假设，后来大多也为科学的发展所印证或实现。

人们把凡尔纳誉为“科幻小说之父”“未知世界的探索先驱”和“科学浪漫主义的奠基人”。然而，凡尔纳其实并不是第一个撰写科幻小说的人，但是，他写作的题材和写作方法，对科幻小说这一新的文学样式的发展和普及，起到了重要的不可或缺的作用。他凭借自己丰富的想象力，引领人们在幻想中遨游世界。

《气球上的五星期》，[法] 儒勒·凡尔纳著，王汶译，中国青年出版社;《凡尔纳传》，[法] 让·儒勒·凡尔纳著，刘扳盛译，湖南科学技术出版社；《凡尔纳带着我们旅行》，[法] 奥斯维埃·迪马著，蔡锦绣、章晖译，广西师范大学出版社；《科学诗人凡尔纳》，[法] 让·保尔·德斯基著，袁文燕译，作家出版社。

“脱胎换骨”之殇

安东尼·伯吉斯/《发条橙》

莫言荣获2012年诺贝尔文学奖，人们在回望他的作品“走向世界”的历程时，似乎总也免不了要提及，张艺谋根据其小说《红高粱》改编拍摄的那部同名电影，与之如何如何。在文学艺术史上，英国作家安东尼·伯吉斯（1917—1993）1962年出版的小说《发条橙》，与美国导演斯坦利·库布里克1971年拍摄的同名电影，亦有着类似的特殊关系。只不过，两者的境遇和名誉，一度差了去也。

不妨从1959年说起。那一年，42岁的伯吉斯被诊断患有脑瘤，并被告知顶多再活一年。悲催的妻子就此敦促他赶紧多写些东西，好给她留下点版税过日子。嘿这位仁兄还真是仁义，二话没说就起早摸黑地干起来了（结果他又活了四分之一个世纪，可他这任太太却不幸先他而去）。

伯吉斯很快写出5部小说并出版，但接着就“卡壳”了。“绝望中，我在打字机上敲出了一个新的标题——‘发条橙’，并开始思考构思什么样的故事才配得上这个题目。”他在自传中写道：“我一直都很喜欢‘怪得离谱’这一个伦敦人的表达方式，感觉其中应该有一种含义，远比一种奇怪的隐喻意义深刻得多，这种隐喻也不一定就是指性的方面离经叛道。我就这样思考着，接着一个故事便成形了。”

那之前，上世纪50年代末期至60年代初期这几年间，伯吉斯曾亲眼目睹打扮时髦而又怪异的“泰迪男孩”，在英国街头打家劫舍、胡作非为，而且常常“互相往死里打”。由此他推断，到1970年前后，帮派暴力可能会成为一个非常严重的社会问题，而政府为了应付这一问题，也许会采用巴甫洛夫式的行为修正方法。这样，可能又会出现一系列新的问题……

《发条橙》的故事发生在似乎不太遥远的未来英国社会。一个叫做亚历克斯的“问题少年”，每天晚上都领着他的三个把兄弟，喝完掺了毒品的牛奶后就上街搞打砸抢，“享受”变态、施虐的快感。这天，他们先是作弄、痛殴一个教师模样的老头儿（电影中是喝醉了的老流浪汉）；接着，又跟他们的宿敌、另一伙小混混大打出手；然后，他们飙车到郊区，闯入一位作家家中乱砸一气，还当着男主人的面轮奸了他的妻子。

过后几天，恶剧重演。亚历克斯失手打死一个单身富婆，在逃跑时却被一直对他心怀怨愤的同伙使坏，落到了警察叔叔手中，并被判处14年徒刑。为缩短刑期，亚历克斯自愿给一项旨在降低犯罪率的犯人暴力改造计划（政府为其幕后推手）充当实验品。“疗法”很简单：先注射某种药物，使其产生“心智麻痹”——深深的恐惧和无助感；随后，强迫他目不转睛地观看各种令人发指的色情、暴力影片，以使其对之在生理上产生条件反射式的恶心。

最后，亚历克斯终于脱胎换骨，被“改造”软化成一个打不还手、骂不还口并且绝不会危害社会的“新人”。然而，当亚历克斯所曾经施恶的对象出于报复、解气，都对他施予了同样的恶时，他却毫无反抗的能力，只能任人宰割，以至不堪忍受跳楼自杀（“幸”而又被救活），续演了另外一轮暴力，一幕“善恶有报”的循环式惨剧。

《发条橙》实际上是以科幻的手法来检视现代社会，探索的是道德选择和自由意志的基本问题。它真切地反映了技术所导致的人性丧失，展现了一个让人感到毛骨悚然的“行为技术”图景。它所要表达的主题也非常明晰：有时候所谓的“社会正义”，倒有可能会像它试图加以惩罚的罪行一样糟糕，甚而失去控制，酿成更大的悲剧；彻底的善与彻底的恶一样没有人性，这种善带来的不是救赎，而是毁灭；“相比亚历克斯个人行为的邪恶，政府‘治疗罪恶’的手段所带来的邪恶是否有过之而无不及？”（库布里克语）

然而，《发条橙》一出版就遭到了英国评论家无情的批判。同名电影因为“很黄很暴力”且有诱导犯罪之嫌，也引起一些观众的义愤，遭到了口诛笔伐，乃至禁映。只是最近一些年来，这部作品的深刻意义及价值所在，才真正为人们所认识和看重。

关于“发条橙”这个名字，直观地解释，它所暗示的是上了发条（机械的、人造的）的人——英文中“甜橙”（orange）与马来语中的“人”（orang）相似，而伯吉斯年轻时曾在马来亚和文莱待过。1986年，伯吉斯在原著再版序中写道："发条橙本身是不存在的，但老伦敦人用它作比喻。其寓意比较怪异，总是用来形容奇怪的东西。'He is as queer as a clockwork orange'，就是指他怪异得无以复加。……我的原义是，它标志着把机械论道德观应用到甘甜多汁的活的机体上去。"

伯吉斯甚至认为，作为恶人的亚历克斯比作为一个善良的僵尸式的亚历克斯更像是一个人。机械社会的发条决不能冒充道德选择的有机生命。如果恶不能被接受为一种可能性，那么善就是无意义的。

不过，很少有人注意到，《发条橙》的电影版与小说的英国版结局是不一样的。当初《发条橙》由纽约的诺顿公司出版时，公司副总裁埃里克·斯温森执意要删掉最后一章，因为他认为这个结尾的章节弱化了故事情节。伯吉斯不得不同意删改，因为他需要那笔预付金，尽管他并不乐意这样做。

其实，这部作品伯吉斯的确是做了精心布局的。全书分为3部，每部7章，总的章数在传统数字观念中象征人的成熟。"我的年轻叙事者，这个爱听音乐的恶棍亚历克斯在故事最后终于长大成人，将暴力当作孩子气的玩具抛弃了。这就是末章的主题，是它让这作品成为一部虽然简短但却真实的小说。"

令伯吉斯感到意外的是，库布里克拍片时参考的是美国的删节本，电影以一个逼真呈现的幻想作为结局，这个结局出自小说美国版的最后一章，也就是英国版的倒数第2章。"亚历克斯，这个恶棍男主角，本来被调节得厌恶暴力，如今条件反射失效，他正在跟一个赤身女子扭斗，围观的人穿着赛马服，都在小心翼翼地鼓掌。亚历克斯沾沾自喜的画外音：'我真的痊愈了。’为自由意志的辩护成了犯罪冲动的洋洋自得。……我诅咒诺顿公司的埃里克·斯温森。”

对于影片中的这个结尾，美国电影评论家诺曼·卡根有此解读：亚历克斯宣布“我真的痊愈了”至少体现了三重讽刺：公众认为他“治好”了，但他实际上跟他们一样，对于生活的认识“变聪明了”；用条件反射“治好”罪犯的方法是危险而可怕的，但他就是被这种方法“治好”了；最后，亚历克斯对于社会极端无知的认识被“治好”了——他已经为了自己的根本自由，与权威力量聪明地“讨价还价”了。

而伯吉斯在接受《伦敦晚报》采访时这样表示：“电影和书的主题是关于通过剥夺罪犯选择善恶的能力来改造他们可能带来的危险。在我的小说中，我最想向大家说明的是，上帝赋予了人类选择善恶的自由，而这是一份非同寻常的礼物。”

当天主教媒体和保守派攻击电影《发条橙》中的暴力镜头时，伯吉斯公开地为电影进行辩护，可库布里克却保持着沉默。伯吉斯后来在其自传中酸酸地写道：“我不止一次地意识到，比起电影来，一部即使是让人震惊的书能产生的影响是多么的渺小。库布里克的成就吞没了我整部小说的成就，然而，我却要为某些人所谓对年轻一代产生的有害影响负责。”

《发条橙》，[英]安东尼·伯吉斯著，王之光译，译林出版社。

科学幻想与前沿科学的互动

基普·索恩/《黑洞与时间弯曲：爱因斯坦的奇异遗产》

自20世纪以来，时有一些听上去像是科学幻想小说的推测，被当作严肃的科学理论加以对待。但有的时候，科学提出的概念却比科学幻想小说更为新奇，黑洞和虫洞即是明显的实例。2014年，科幻大片《星际穿越》大火，一位名叫基普·索恩的天体物理学家也进入了公众的视线。他是这部影片的“幕后军师”，影片所展现的星际穿越的核心概念，即源自他的研究成果。

其实，《星际穿越》出自一个创意：“人类面临灭绝危机，英雄宇航员必须拯救世界”。故事的驱动力，也就由俗套中的“太空探索”变成了人类自救。导演克里斯托弗·诺兰还想借助影片探讨：如果一个科学家面临一件无法轻易描述或分析的事情，比如爱的时候，他们会怎么做？当科学面临抽象事情和人类情感时，又会发生什么？

这里所谓“抽象事情”，即是在穿越时空的特殊情形下，所呈现出来的时间变幻等等奇异场景，这便构成了故事中的戏剧性要素。因此，这部影片的内容主旨，我觉得可以概括为：无可奈何的困境，匪夷所思的构想，惊心动魄的穿越，超越时空的情感。

再说索恩。他是美国加州理工学院教授、当今世界著名的相对论专家。他20多年前写就的《黑洞与时间弯曲：爱因斯坦的奇异遗产》一书，内容艰深，话题却很有趣，因而广有影响，一版再版。作者在书的前言中写道：“读这本书的人应怀着两种目标：学一些我们物理宇宙中的尽管奇异却很真实的可靠事实；欣赏那些我们还不那么有把握的奇思妙想。”

由此可见，这位严肃的科学家也有思想开放、亲和谐趣的一面。他曾感叹：时间旅行曾经仅仅是科幻作家们的领地。严肃的科学家对其像躲避瘟疫一般唯恐避之不及——哪怕是在用笔名写小说或是私下里阅读的时候。时代真是变了！现在能够在严肃的科学期刊上发现出自著名理论物理学家之手、关于时间旅行的学术性分析了……为什么会发生这样的改变？因为我们物理学家已经意识到时间的本质是一个极为重要的议题，不能仅仅被遗落在科幻作家手中。

在这本书的最后一章“虫洞和时间机器”里，索恩提出了一个问题：“高度发达的文明，能在超空间凿开虫洞做快速星际旅行，并用时间机器回到过去吗？”并且记述了这样一件事：1985年的一天。他接到老朋友、康奈尔大学天体物理学家兼科普作家卡尔·萨根打来的一个电话。萨根说：“我刚写完一本小说，讲人类第一次同外星文明打交道。不过有点儿麻烦。

我想尽量把科学的东西写得准确一些。我怕把某些引力物理的东西弄错了，你能替我看看吗？”

萨根提到的自己那部科幻小说名为《接触》（后来由好莱坞拍成电影《超时空接触》），内容涉及所谓太空中的虫洞——一种空间时间隧道。他让他的女主角阿洛维落进地球附近的一个黑洞，然后穿过超空间，一小时后出现在26光年远的织女星旁。

这洞那洞又冒出了一个超空间，怎么回事？

数学家能够想象超空间，而且研究它的几何性质。科幻作家也能够想象超空间，并借以“绕过”光速这个障碍，为作品设置幻想的“背景”。然而，迄今为止，没有迹象表明，超空间能在数学或文学想象之外存在。没有它真实存在的证据，哪怕是最微小的证据。不过，它仍然可以“出现”在幻想作品中。

索恩看过小说手稿后从专业角度进行了深入思考，认为萨根的小说需要修改：阿洛维不可能从一个黑洞的中心穿过超空间到达文明宇宙的另一个部分。因为，任何黑洞都不断受电磁真空小涨落和少量辐射的攻击。这些涨落和辐射落进黑洞时，被黑洞引力加速到巨大能量，然后暴雨般落向可能被人们借以穿越超空间的任何“封闭小宇宙”或“隧道”或宇宙飞船。因此，任何做超空间旅行的飞船都会在启动前就被“暴雨”摧毁。索恩的建议是：萨根可以把黑洞换成穿过超空间的虫洞。

实际上，在爱因斯坦的广义相对论中，时空可能弯曲到与自身重合，时间圈和空间圈因此可能出现。20世纪30年代中期，爱因斯坦在与内森·罗森一道进行的研究中就已预见了此种可能性。正因为如此，虫洞有时也被称作“爱因斯坦—罗森桥”。宇航员穿过虫洞，从A点到达B点有可能要比光由“正常”路线从A点传播到B点要快一些。以这种方式超过光速，宇航员同样能在时光中倒行。所以，若想旅行到过去，宇航员就必须向适当的方向穿过虫洞，然后高速地穿过“正常”空间回到其出发点，从而在太空中形成一个闭合圈。

值得玩味的是，在萨根科幻小说的激发下，为了弄清一些奇异的事态是实际可能的，而非一种荒谬的猜测，索恩及其合作者随即制定了一项广泛的研究计划，并且很快就获得了有趣的发现，一时间传为佳话。多年以后索恩在一次演讲中说道：“一本像《接触》这样的科学幻想小说，在科学研究上促成了一个重要的新方向，这很少见，也许真是绝无仅有的。”

索恩是个很有趣的科学家，霍金在自己的多部畅销科普作品中都提到过他。比如，在《果壳中的宇宙》一书中有言：“我的朋友兼合作者基普·索恩和我打过许多赌。他不是一位人云亦云的物理学家。这种品格使他具有勇气成为以实际的可行性来讨论时间旅行的第一位严肃的科学家。”

霍金和索恩打的是什么赌呢？霍金前妻简·霍金的回忆录《音乐移动群星》有一段描述：“他（霍金）现在喜欢搞各种小闹剧。他和基普·索恩打了个赌，认为天鹅X-1号星座中没有黑洞。如果确是如此的话，基普必须为他订4年《私家侦探》杂志。如果存在黑洞的话，史蒂芬则为基普订一年《藏春阁》杂志。”

打赌的结果如何？霍金在《时间简史》新版中写道："事实上，从我们打赌的1975年迄今，虽然天鹅X-1号的情形并没有改变太多，但是人们已经积累了这么多对黑洞有利的观测证据，我只好认输。我进行了约定的赔偿，那就是给基普订阅一年的《藏春阁》，这使他开放的妻子相当恼火。"

《黑洞与时间弯曲：爱因斯坦的奇异遗产》，[美]基普·索恩著，李咏译，湖南科学技术出版社；《星际穿越》，[美]基普·索恩著，苟利军、王岚、李然等 译，浙江人民出版社；《接触》，[美]卡尔·萨根著，王义豹译，重庆出版社。

洞察变化，探索明天

阿尔温·托夫勒/《第三次浪潮》

跨国企业将盛行；核心家庭会瓦解；电脑发明使SOHO（在家工作）成为可能；人们将摆脱朝九晚五工作的桎梏；DIY（自己动手做）运动将兴起……1983年3月，中国的三联书店以“内部发行”的名义，出版了一本3年前刚刚在美国引起轰动的书，书名叫《第三次浪潮》。这本书作出了许多在当时看来似乎颇有点儿超前的预言。

那个时候的中国社会正迎来一个变革的大潮。《第三次浪潮》或许是改革开放早期引入的第一本西方畅销书，它所呈现的“知识经济”和“信息社会”的未来图景，以及作者洞察历史的全新视角，给改革开放之初的中国人带来了巨大的心灵冲击和极度的思想震撼。

《第三次浪潮》“登陆”中国之后不久，其作者阿尔温·托夫勒应中国社会科学院邀请首次访问中国。之后，他又多次到访，每次都会有很多人对他说，这本书给自己带来了巨大的影响。而如今中国互联网产业内的一些领军人物，当年就是《第三次浪潮》的追随者。

托夫勒本人则说，中国人对这本书有这么高的认知度表明，他们当时已经认识到了科技在经济发展中的重要作用。“在我看来，当时中国领导人已经认识到，光是遵循传统工业化发展道路是不够的，还要超越我所说的‘第二浪潮’，尽快了解如何向以知识为基础的经济转化。”

在《第三次浪潮》中，托夫勒用“浪潮”来比拟人类文明的发展：第一次浪潮是农业革命，人类用了几千年才得以完成；第二次浪潮是工业文明的兴起，只用了300年的时间；第三次浪潮就是以信息技术和生物技术为代表的新技术革命。

他认为，每一次浪潮都使之前的文化或文明为之倾覆或衰颓，代之以之前人们无法想象的生活方式。每一个经历过这些惊涛骇浪冲撞的社会，都曾感受过痛楚。今天，历史的进程更加神速，信息革命的第三次浪潮将带来崭新的人类文明，人类将面临最彻底的社会剧变及创造性的重建。

托夫勒1928年10月出生于纽约一个皮货商家庭，父母均为波兰裔犹太移民。1949年他毕业于纽约大学，获文学学士学位。托夫勒从小就对未来充满了好奇与兴趣，也喜欢阅读和写作。大学时代，他又被社会现象和政治演化所吸引。出于见见世面和实现文学理想的考虑（他梦想能写一本关于工人阶级生活的伟大小说），踏进社会以后托夫勒有意地尽量尝试不同的工作。他先后做过装配工、油漆工、修理工、冲床操作工、铸造安装工、汽车驾驶员等。

朝鲜战争爆发后，托夫勒成为美国陆军士兵。退役后，他的工作开始固定在记者职业上。1957年成为宾夕法尼亚《约克日报》驻华盛顿的记者，负责报道白宫和国会的活动，同时成为《民族》《新共和》等杂志的自由撰稿人。1959年，担任《幸福》杂志的劳工专栏作家。自1961年起，托夫勒为国际商业机器公司（IBM）、教育设施实验基金会和洛克菲勒兄弟基金会做咨询工作。

有感于社会已发生重大改变（比如1956年在美国，主要靠智力为生的白领阶层人数首度超过了蓝领阶层），但政治人物却完全无视，就当没发生什么事一样，托夫勒决心有系统地去研究变革的成因，以及它将造成的可能冲击。1965年，托夫勒在《地平线》杂志上发表《作为一种生活方式的未来》，并在文中首次提出了“未来的冲击”（Future Shock）这个概念，用以形容人在短时间内遇到过激的变化所引起的紧张情绪和迷失感。随后，他花费5年时间访问了许多大学、研究中心、实验室和政府机构，阅读了无数的文章和资料，同几百名各方面的专家谈话，最后写成《未来的冲击》一书，在世界范围内产生了巨大的反响。

如果说，《未来的冲击》从横向轴入手强调世界进程中的新变化正在形成，而且人类社会要为这些变化付出极大的代价，那么，《第三次浪潮》则从历史的纵向轴入手把关注的焦点落在人和社会在适应这些变化时的种种困难和障碍，尤为强调如若不能很快充分地转变某些事物，人类社会将同样要付出重大的代价。

作为第一位洞察现代科技将深刻改变人类社会结构及生活形态的学者，托夫勒最大的成就是将未来学变成了显学，并建立起了有效的研究架构，让人类可以预测和规划未来。他说过：如果我们不向历史学习，我们将被迫重演历史，这是毫无疑问的。但是，如果我们不改变未来，我们就将被迫忍受未来，其结局更为糟糕。

英国著名社会学家安东尼·吉登斯评价说："托夫勒将社会学通俗化了，让人们都来关注社会变迁。他是一位站在一个世纪预言下一个世纪的天才式人物！"

《第三次浪潮》，[美]阿尔温·托夫勒著，黄明坚译，中信出版社；《未来的冲击》，[美]阿尔温·托夫勒著，蔡伸章译，中信出版社；《面对托夫勒——未来学家眼中的未来新世界》，温世仁著，三联书店。

人间乐土的意境

詹姆斯·希尔顿/《消失的地平线》

1933年初，一直不得志的英国小说家詹姆斯·希尔顿（1900–1954年）下决心再做努力，创作一部关于西藏的神秘小说。当时他刚从巴基斯坦回来，收集了大量的旅游、探险资料，而奥地利裔美籍探险家、植物学家约瑟夫·洛克20世纪20年代末30年代初在中国云南省西北部探险期间，以非常写实的手法发表在《国家地理杂志》上的文章和照片，也给他提供了许多灵感和线索。

令作者本人和出版社料想不到的是，《消失的地平线》由伦敦麦克米兰出版公司出版后在欧洲引起了巨大的轰动。随后，好莱坞投资250万美元将小说搬上银幕，更把小说中提到的“香格里拉”的名声推向了高峰，从此在全球范围内形成了一股寻找理想王国香格里拉的热潮。

噢，香格里拉，这是一个多么美妙的名字！

此乃英文Shangri–la的汉语音译，其英语发音源于藏语，为“心中的日月”之意，它是藏民心目中的理想生活环境和至高至尚的境界。有一个古老的传说：在青藏高原的某处隐藏着一个由神人统治的、主宰全球的地底王国——香格里拉。藏经中也记载着一个由释迦牟尼指认的香巴拉王国。

希尔顿在《消失的地平线》中所描绘的香格里拉，是一块安静、祥和而又神秘的土地。在20世纪30年代，《消失的地平线》推出之时，正值西方国家经济大萧条时期，香格里拉也就成了生活困顿的西方人心目中“伊甸园”和“乌托邦”的代名词。

它向我们所描述的，实际上是一个超脱了俗世束缚的、理想的、有着巨大包容性的人类世界，抑或说人类文明的救赎之地和精神家园。当时，《不列颠文学家辞典》称此书的功绩之一是为英语词汇创造了“世外桃源”一词，《简明牛津辞典》上的解释则是“一个想象的人间天堂”。如今，小说和电影里的“香格里拉”已然成为一个“理想国”的象征了。

《消失的地平线》也被视为“失落种族小说”，因为它具有此类小说的所有要素，包括鲜为人知的远古文明、一个美丽的公主、巨大的财富、渊博的知识以及长生不老等。

小说中的主人公康威在毫不知情的情况下，与3位同伴被香格里拉人相中并设计劫走，为的是解决香格里拉所面临的人种和接班人危机。他们被领往一个山路蜿蜒的神秘之地。生活在这里的人们与外界隔绝，有尺度地过着节俭、纯净的生活。居民们普遍长寿，看起来比真实年龄要年轻几十岁。只是，他们一旦离开此地，就不再长寿乃至立刻死去。

置身其中，有一种缠绕在神秘与梦幻里的那种终于抵达天边的归宿感。康威和他的一个同伴同时爱上了一个名叫罗珍的姑娘。他虽已被感化并愿意留下，但在迷惑、伤感和失落之际，最终却迈出了背弃香格里拉的步子。

小说中，康威的故事是由与他熟识的小说家鲁塞弗讲述的。他们在中国重庆的一个修道院里重逢，当时康威已经失去了记忆力。待康威稍稍康复之后，鲁塞弗决定护送他回国。在远洋轮船上，康威听了一场钢琴独奏后竟然找回了丢失的记忆，并向鲁塞弗叙说了他被劫持后的一系列奇妙的经历。

按照鲁塞弗的说法，整个故事完全是康威向他口述后由他写出来的，他没有在其中虚构任何情节。遗憾的是，康威后来悄悄地离开了他。至于康威逃出香格里拉后的情况，鲁塞弗只了解到一点：他被一个很老的女人送到了重庆的医院。那个女人很可能就是此前不久在香格里拉还显得很年轻的罗珍姑娘，她不久也因伤寒病而死。据知，康威回到“尘世”并在纷乱的世界上辗转流离一段时间后，决心重返香格里拉，但却怎么也找不到了。

我想，这个结局绝非“小说笔法”，因为作者心目中的香格里拉是没有地域概念的。它是超出了地平线的一种理想境界，是超越了一个地方的地方，也是一种幻想，一种意念，一种希望。

《消失的地平线》的意义或许在于，它为西方文化价值观念重新植入了人间乐土的意境，给人类带来了心灵的慰藉和值得追寻的理想。

在这一点上，它跟我们中国人熟知的陶渊明名篇《桃花源记》颇为相似。香格里拉和桃花源这两个美好的乌有乡，在我们这个科技比较发达、还算丰衣足食的时代，仍让千百万人梦寐以求、趋之若鹜，寄托了如此厚重的幻想和希望，足可见某些东西对现实中的人类是多么的欠缺！

《消失的地平线》，[英]詹姆斯·希尔顿著，吴夏汀、朱红杰译，上海三联书店。

浩瀚宇宙剧场里的一个小舞台

卡尔·萨根/《暗淡蓝点：探寻人类的太空家园》

“萨根是天文学家，他有三只眼睛。一只眼睛探索星空，一只眼睛探索历史，第三只眼睛，也就是他的思维，探索现实社会……”《每日新闻》报曾对美国著名天文学家和科普作家卡尔·萨根如此夸赞。

的确，萨根的眼光是独特的，而且总是看得很深、很远。在他看来，长时间世界范围内不断积累形成的知识体系，已将科学转化为一种几乎是跨国界、跨时代的超意识。所以，“一定要从全球和超越时代的角度，对技术所带来的长期后果给予更多的关注，竭力避免对民族主义和沙文主义的依恋。犯错误的代价太昂贵了。”

而萨根所撰写的多部脍炙人口的科普著作，在把太空探索的概念、激情和冒险带给公众的同时，也着意引导科学家和外行进行思考，特别是在更大的社会和历史框架中对科学与太空探索进行思考：令人们如此着迷的太空探索究竟是为了什么，以及为什么倾情、“投资”于太空对我们的未来是如此重要。

萨根曾表示，他很幸运能够参与“阿波罗”计划。他还讲过这样一句话：“近几十年来，美国的所作所为只有少数受到普遍一致的赞誉，太空探测便是其中的一项。”然而最初他并没有意识到：“阿波罗”计划的主旨其实不是科学，甚至也不是太空。“阿波罗”计划代表的是意识形态的对抗和核战争，经常采用的委婉说法是世界的“领导地位”及国家的“威望”。

后来，萨根对“阿波罗”计划又做出了公允的评价：“如果没有‘阿波罗’计划——就是说，如果没有它所追求的政治目标——我想美国为开发和发现整个太阳系所进行的具有历史意义的探测就不会出现。‘阿波罗’计划使我们感受到的，是认识未来世界的信心、干劲以及宏伟的远见。这也是它的一个目的。它激发人们对科学技术的乐观态度和对未来的热情。很多人都说，既然我们能够飞往月球，还有什么事情办不到呢？”

一个广为人知的事实是：执行“阿波罗”计划的宇航员们，采纳了萨根的建议，在飞往与飞离月球的旅途中都拍摄了他们的家园——地球的照片。这张照片发表后居然产生了很少有人能预料到的结果。地球上的居民破天荒第一次从天上看见了他们的世界——完整的、彩色的地球，那是一个在辽阔、漆黑之太空背景中不断自转着的、蓝白相间的精致小球。就此，萨根评论说：这些照片有助于唤醒我们对行星的迷糊意识。它们提供无可争辩的证据，表明我们大家同在一颗脆弱的行星上面。它们提醒我们，什么是重要的，什么不是。

20世纪末，当旅行者号正接近太阳系边缘时，萨根又向美国国家航空航天局建议，不妨让旅行者号转一下身，以便最后能够拍上一张太阳系的“全家福”。这事办成了，并且同样令人震撼。据萨根夫人安·德鲁扬回忆：“他（萨根）犹如《圣经》中的先知，向国家航空航天局恳请：回首一顾兮，回眸一盼——再回过头来，看一眼这颗小小的行星，看一看它如今的模样。它现在不复是阿波罗号（从月球处）看上去那样充满整个镜头……而只是小小的一个点……”。

“暗淡蓝点”（Pale Blue Dot）可谓是萨根别有深意首创的名语，现在许多人都知道，它特指从太空中遥望所见之地球形象。萨根有言：每个“最高领袖”，每个劣迹斑斑的刁徒，每个大独裁者，每个你曾经爱过的人，大家都出现在这个暗淡蓝点上。大家斗得血流成河，可争的是什么呢？争的是对一个小点上的一小块地方有片刻的控制权。“引起我深思的是这样一个出人意料的现象：饱含国与国之间敌对与仇恨的太空飞行，却导致一种令人震惊的超越国界的见解。只要你在绕地轨道上花一点点时间凝视大地，你心中铭刻最深的国家主义观念就开始消逝。它们就像是在一枚杏子上面小虫们之间的争吵。”

萨根有关环境保护和太空探索的一系列重要观点，在1994年出版的《暗淡蓝点——探寻人类的太空家园》一书中得到了体现。正如书名所揭示的那样，该书的主题是地球，一颗自己不能发光的蓝色行星，太空中一个暗淡的蓝点。“《暗淡蓝点》讲述的是对我们的坐标、我们在宇宙中地位的一种新的认识，而这种认识仍然只是缓慢地为人们所接受。”此书最后一章“踮着脚穿过银河系”，以诗意的语言描绘了作者自己对人类未来的太空家园的长远设想。

萨根反复强调这样一层意思：在浩瀚的宇宙剧场里，地球只是一个极小的舞台。“有人说过，天文学令人感到自卑并能培养个性。除掉我们小小世界的这个远方图像外，大概没有别的更好办法可以揭示人类妄自尊大是何等愚蠢。对我来说，它着重说明，我们有责任更友好地相互交往，并且要保护和珍惜这个淡蓝色的光点——这是我们迄今所知的唯一家园。”

2001年12月4日，德鲁扬在致我国《三思科学》（电子）杂志编辑部的一封信中，对萨根有关“暗淡蓝点”的观点做了如下评述：“卡尔总是努力帮助我们认识到：我们生活在一个暗淡蓝点上，那是拥有40亿星辰的星系中的一颗微尘，而这个星系本身也不过是数量更加巨大的千亿个星系中的一个……这一伟大的科学见解具有伦理和精神的意蕴……带着怀疑和惊叹——两者缺一不可——我们能够学会在这颗行星上共存，或许有一天能飞向其他恒星。”

萨根实则是借由“暗淡蓝点”这一意蕴，期冀我们能对人类真实的环境获得某种精神感悟罢。

20世纪80年代，当有人指责发射行星探测器没什么用，是在浪费纳税人的钱时，萨根回应说：我们的行星可能处在非稳定平衡状态中，小小的触动就可能引起不稳定，使地球朝火星或金星的恶劣环境转化。既然人类的活动会无意识地改变地球的气候，我们就急需理解气候变迁的原因和医治的办法。研究其他行星的气候，乃是了解我们自己这个星球的极好办法。如此看来，行星探测器对我们人类不是极有实际用处的吗?

在萨根眼里，根本就没有什么“地区性环保问题”。他风趣地说，由于分子很笨拙，工业毒素、温室气体等也愚鲁无知，所以它们都不知道尊重国界，也不顾念国家主权。如此一来，人类的技术所具有的几乎是神话般的威力，再加上短视的盛行，我们开始在整个大洲或全球的规模上伤害自己。

而行星科学已经促成了一种广阔的、跨学科的观点，事实证明，这对发现和试图消除地球上迫在眉睫的环境灾难大有裨益。因此萨根说：“当你开始了解其他行星的时候，你对我们自己的行星环境的脆弱以及还可能有别的完全不同的环境，会取得一种新的见解。仍然很可能有尚未发现的潜在的全球性灾难。如果确实有这样的灾难，我敢断言，行星科学家在对它们的研究中将发挥核心作用。”上述论断，可以视为萨根表达了他的一种超越时空、地域的大环境观。

实际上，对其他行星的探测，已经扩大了我们对火山、地震与天气研究的眼界。许多事例都表明，科学家起先想解开其他行星大气之谜，但结果却得出了对地球很重要并且非常实用的发现。探测其他行星和保护地球这两者实际上是有联系的，这种联系最明显地表现在对地球气候以及现代人类技术对气候日趋严重的威胁的研究之中。

例如，近年来就发现了以下三个潜在的、都是在全球范围内起作用的环境灾害：臭氧层枯竭、温室效应和“核冬天”，都与行星探测有密切联系。萨根本人很早就开始了对金星大气的研究，他所取得的研究成果帮助科学家发现并确认了地球的臭氧层正处于危险状态中。在这两个行星的大气光化学之间，找到了一种完全没有预料到的联系。就这样，对地球每一个人都很重要的成果，竟来自很可能已被认为是最不着边际的、抽象的和毫无实用价值的工作，即对另一颗行星的高层大气中次要成分化学性质的研究。

在萨根诞辰80周年和《暗淡蓝点》英文版出版20周年之际，人民邮电出版社重磅推出《暗淡蓝点》中译本纪念版，并与中国科普作家协会和中国科普研究所联合举办了萨根作品研讨会，这对萨根无疑是个极好的礼赞。

《暗淡蓝点——探寻人类的太空家园》，[美]卡尔·萨根著，叶式辉、黄一勤译，人民邮电出版社；《宇宙》，[美]卡尔·萨根著，周秋麟、吴依俤等译，吉林人民出版社；《卡尔·萨根的宇宙：从行星探索到科学教育》，[美]耶范特·特奇安、伊丽莎白·比尔森编，周惠民、周玖译，上海科技教育出版社；《展演科学的艺术家：萨根传》，[美]凯伊·戴维森著，暴永宁译，吴伯泽校，上海科技教育出版社。

展望“理想社会”

爱德华·贝拉米/《回顾：公元2000－1887年》

1857年夏的一天，美国波士顿一个名叫朱利安·韦斯特的年轻人，因患有严重的失眠症，由医生施以催眠术入睡。不幸的是，一场火灾突如其来，人们都以为他已被烧死，化为灰烬。

然而，谁都没想到，他置身于祖宅那间特别设计、改造过的屋子，躲过火魔沉到地下去了。由于在催眠状态完成后生理机能全部陷于停顿，且细胞组织并没有消耗，他便在那样的特殊环境下得以存活，足足睡了113年零3个月又11天，进入到2000年9月10日。

“醒”来以后的韦斯特依旧年轻，并且保持着往前的记忆。极富戏剧性的是，此时照顾他的一个年轻女子，正是他从前的未婚妻伊蒂丝的外曾孙女。人们告诉他，虽然他“入睡”以来只过了一个世纪，但世界的变化却比以往几千年都大得多……。

这是美国作家爱德华·贝拉米（1850—1898年）在1888年

发表的《回顾：公元2000—1887》一书开头讲述的故事。乍一看来这似乎是一部传奇小说，但它在问世不久即普遍被认为是一部采用小说体裁写就的伟大的经济学论著，甚至，“它指导了经济思想的方向，确定了政治行动的方法”。

在这部不到17万字的作品中，作者巧妙地给自己的那些“理想主义的说教”，裹上了一层颇有悬念也富于浪漫色彩的故事的外衣。藉此，他得以在天马行空般地描述幻想世界中的政治制度和经济制度的同时，比照并抨击了他所生活的那个时代的一切弊端，并阐明了自己的带有社会主义性质的改革和改良主张。

作品开篇即把当时的社会比作“一辆巨大的车子”，广大群众被驾驭着，在一条坎坷不平、布满沙砾的道路上艰难地拉着车子前进；而车上的乘客却可以逍遥自在地观赏风景，或对那些筋疲力尽的拉车者评头品足。在作者看来，私人资本占有制度是一切社会灾难的根源，它不仅导致了经济上的自杀和道德上的堕落，而且还造成了全社会的巨大浪费。

因而作者主张：由国家接替私人企业，成为唯一的资本所有者，并且将国家行政机构与生产管理系统统一起来，对社会生活进行全面的统筹安排。而后，建立一个全球性的自由联邦同盟，由此再逐步过渡为一个全世界单一的国家。那时，由于消除了贫穷和对贫穷的恐惧，消除了奢侈和对奢侈的向往，人们的道德标准有了很大的变化；而贫富差别、压迫者与被压迫者也都不复存在，人类将共同进入到一个更高的发展阶段。那是一个组织化的社会，在其中每个人都认同国家目标。

《回顾》这部“乌托邦”文学的代表性著作，也可谓是一部“社会幻想小说”。有律师资格并从事过新闻工作的贝拉米，称自己是“以完全严肃的态度，根据进化的原则，对人类的、特别是对这个国家中的生产发展和社会发展的下一个阶段作出预测”。该书对当时美国的社会思想产生了深远的影响，并且一直延续了40多年，直至1933年罗斯福实行的新政时期。它实际上发展了一个“社会主义公社”的思想，这个公社拥有所有的土地，既包括农村的，也包括城市的。

或许贝拉米太过于乐观了。的确，《回顾》一书给他“招”来了不少信徒——当时还真有人作了认真的努力，试图把书中想象和描述的社会变成现实（为此他们成立了大约150个“国家主义者”俱乐部）。但是，也有不少人认为，贝拉米心目中的那个“理想社会”的实现，实际上是遥遥无期的。1888年3月30日的《波士顿纪事报》载文指出：《回顾》“犯了一种荒谬的错误”，以致严重地贬低了该书作为一本现实主义幻想作品的价值。文章作者认为，实现那个“理想社会”的时间应该是在75个世纪之后，而不是短短的100年。

其实，对《回顾》这部作品进行评判，不在于它的有关预测是否准确或能否如期实现，而应该看到：它通过文学这种通俗易懂的形式，完整地表达了普通劳动者追求平等解放的美好愿望，并且形象地展现了作者心目中的人类的崇高理想；同时，它也让我们看到了人类社会那不断失落而又不断寻获的希望。

应该提及的是，贝拉米在小说中描绘的20世纪后期的一些图景，很多都实现了。比如根据邮购目录选购商品、制造商对消费者的直售网点、信用卡、无线电广播，等等。

出生于牧师家庭、极富理想主义色彩的贝拉米，其人生过的却是那般仓促。这不能不令人感到痛惜。48岁那年，在完成《平等》（《回顾》的续集）一书后，他突然肺病发作，并于次年辞世。下葬前，亲友们围绕在他的遗体旁，深情地朗诵了从《回顾》和《平等》两书中摘出的几段话，以他自己的语言，真切地表达了他对人类社会的美好期待——

……你们问道：既然人类不免一代又一代地死亡，我们还期望些什么呢？我回答：广阔的前途展开在我们面前，但由于前途光明灿烂，我们却看不到最终的目标了。人类要回到作为‘我们的归宿’的上帝那儿去，有两条道路：个人通过死亡的道路回去，人类通过完成进化的道路回去。到那个时候，目前还未显示出来的上帝的秘密也将完全被揭露。让我们用眼泪送走黑暗的过去，转身面向灿烂的未来，遮住眼帘，向前猛进吧。

《回顾——公元2000-1887年》，[美]爱德华·贝拉米著，林天斗、张自谋译，商务印书馆。

回到“黑暗的时代”

迈克尔·克莱顿/《重返中世纪》

美国实力雄厚的国际技术公司出资帮助耶鲁大学的一个考古小组，到法国多尔多涅河一带挖掘考察中世纪的一座城池。他们的如意算盘是：通过对古代遗迹的重现，来建造一个前所未有的“超真实”的娱乐公园。为此，他们秘密研制出了一种极为特殊、神奇的旅行工具。

借助这种采用了量子技术的先进手段，考古小组的头儿约翰斯顿教授独自“进入”到中世纪。不过，由于他违反了机器使用的有关规定，被“卡”在了那个时代。为了营救教授，他的3个弟子马雷克、克里斯、凯特紧急进发，并按预定方案适时到达了目的地。但是很不幸，他们刚一露面就遭到了一伙骑士的袭击，两个向导死于非命，3个同伴也走散了。

好在由于对那段历史和民情很熟悉，他们没露破绽，并且很快就找到了约翰斯顿教授。有趣的是，教授居然被中世纪的人们奉为无所不知的“大师”，还被主人胁迫，要他帮助制造新式的火药武器。而马雷克、克里斯、凯特他们也在两股敌对势力的交锋中经历了决斗、审讯、监禁、脱逃等惊心动魄的事情。当然，作为历史的研究者，他们也亲身“体验”和“考察”了他们所关注的那一段历史，“解开”了史学上的一些谜团，“纠正”了一些认识上的谬误。

历经一番磨难，教授和他的弟子们终于团聚。他们还发现了国际技术公司先前“送”过去且已“融入”了那个时代生活的一个人。钟情于中世纪历史、找到自己真爱的马雷克打定主意留在那儿，留在那个时代，而教授和克里斯、凯特三人则返回了现代社会。他们没想到的是，国际技术公司的老板被他的副手麻醉后，给“送”到了1348年——黑死病肆虐欧洲的那一年，公司换了主人。

以上故事，出自近年来较有影响的一部时间旅行题材作品、美国作家迈克尔·克莱顿（1942—2008年）于1999年推出的《重返中世纪》（原名*Timeline*，即《时间线》）。2002年，美国派拉蒙电影公司斥巨资将其搬上了银幕。

学医出身的克莱顿擅长把许多有根有据的事实和科技新进展与他自己的虚构想像融合在一起，并且有着高超的叙事技巧和缜密的思辨才能，因而他的小说被称为高科技惊险小说，他也被誉为“高科技小说大师”。自畅销书《侏罗纪公园》问世之后，克莱顿一直醉心于历史研究，并期望创作一部沟通历史和未来的作品，矫正时人对历史的肤浅认识。是时间旅行的创意给他带来了灵感。

在克莱顿眼里，那个“一度被认为是静止、残酷、黑暗的”

中世纪，其实“是一个活跃且变化非常迅速的时代”：人们追求并尊重知识，技术也得到了大大的推进。他认为，所谓残酷的中世纪的说法是文艺复兴时期所编造出来的。文艺复兴的倡导者们极力强调一种新的精神，就不惜歪曲事实。而在《重返中世纪》一书中，克莱顿得以借助他设想的一种穿梭时空的新技术，“展现”了他所认定的某个真实的历史场景。

按照《重返中世纪》中对量子理论及“多宇宙”理论的阐释，人类历史上任何一个时期都可以“复制”再现，而且现代人也能够介入其中。书中介绍，国际技术公司所开发的、在量子理论指导下出现的新技术“电运”，是一种空间旅行的形式，即利用量子技术来使正交的多宇宙坐标发生变化，使人们能够到多宇宙的另一个地方去旅行。

多宇宙是用量子力学界定的世界。在多宇宙中，各个宇宙都在不断地分裂。换句话说，还有其他许多宇宙跟我们的宇宙类似，我们的宇宙只是无数相互并存的宇宙中的一个。这种“进入”其他宇宙的技术，能在量子泡沫中进行虫孔联系，将三维活体压缩成一股电子流传送出去，并在另一个宇宙中实现重建。

克莱顿在书末“鸣谢”中写道：“虽然量子运送的试验已经在世界上的不少试验室里进行过演示，但这一现象的实际应用，还将是未来的事情。本书中所提到的思想是受到了戴维·多伊奇、基普·索恩、保罗·南欣、查尔斯·本内特以及其他一些人的启迪。书中的描述也许会令他们捧腹，但他们是不会把这当成一回事的。这只是一本小说，时间旅行完全是人们的美好遐想。但书中对中世纪的描述则是建立在比较坚实的基础上的。”

的确，在英语世界的许多人眼里，“中世纪”是不变的、静止的和落后的事物之同义词，人们很难想象其中会有什么积极的东西。“中世纪的”则被用来指代任何过时之物，这与紧随其后的文艺复兴时代所展现出的光明、进步和自由，形成了鲜明的对照。

中世纪在年代学上的界限也多少有些模糊。通常而言，我们可以把中世纪看成是覆盖了从罗马帝国的崩溃（约为公元500年），到艺术与文学的复兴确实已经开始（约为公元1450年）之间的一段时期，大概有1千年光景。14世纪的意大利学者、欧洲人文主义运动的主要代表弗朗西斯科·彼特拉克最早将中世纪称作黑暗时代。这种贬抑的观念，在现代历史学家看来，只是为了刻画这样一个时代——这个时代既没有古典时代的辉煌，又没有他们（文艺复兴时期的人文主义知识分子）所在的“现代”的成就。如此一来，就树起了凸显自身合法性和新风范的一面大旗。

近一个世纪以来，中世纪长期被遮蔽的历史原貌渐渐地得到了恢复和校正。人们认识到，在那千年之中，并非是一片漆黑（尽管中世纪早期确实发生了文化衰退），也不再是西方历史上的一场可怕的梦魇。欧洲近代以理性和科学为主要特征的文化，绝不是一夜之间冒出来的。实际上，它恰恰是在不乏活力和创造力的中世纪母腹中逐渐孕育成熟的。现代科学的智力根基（一系列具有古希腊—阿拉伯传统的科学著述被翻译成拉丁文、西欧一些大学的建立、神学家—自然哲学家阶层的出现等），也是在中世纪造就的；在中世纪的欧洲，事实上和观念上都出现了某种形式的“国家”；而中世纪的艺术家（以及作家）则开辟了西方的写实主义传统，取得了颇具创造性的成就……。正是上述这一切，奠定了西方近现代历史最切近的基础。

伴随着解蔽中世纪过程的，是西方近代史学的一个重要思潮——历史主义的兴起。它强调历史发展的有机联系和连续性，反对用抽象的理性原则、理想的或今人的标准去概括和衡量一切时代与一切民族的历史。以此而言，一旦我们采用了那种被视为“现代”的假定预期来看待和评价中世纪，难免就会出现扭曲的危险，陷入到“黑暗论”的成见中。

美国历史学家查尔斯·霍默·哈斯金斯很早就对“中世纪是黑暗时代”这一陈说持怀疑态度。在其广有影响的《12世纪的文艺复兴》一书中，他强调任何历史时期都兼具连续性和变化性的双重特点，并批评了对中世纪所进行的没有具体历史实证的概念化的描述。哈斯金斯认为，中世纪“与古代和现代的紧密相连，确保其在连续的人类发展史上享有一席之地。”

克莱顿在他那部小说的末尾写道：“至于中世纪的黑暗、狭隘、宗教歧视和大屠杀，20世纪的记录肯定会使善于思考的观察者得出这样的结论：我们丝毫不比当时高明。”诚哉斯言！

《重返中世纪》，[美]迈克尔·克莱顿著，祁阿红、闫卫平、王晓东译，译林出版社；《侏罗纪公园》，[美]迈克尔·克莱顿著，钟仁译，译林出版社；《刚果惊魂》，[美]迈克尔·克莱顿著，郭鸿、张永喜、孙健译，译林出版社。

以幻想形式直面社会现实

金涛/《月光岛》

1980年，金涛的科幻代表作《月光岛》，在《科学时代》杂志第1期和第2期连载。同年，《新华月报》又在第7期予以转载。1981年，《月光岛》和作者的另一篇作品《沼地上的木屋》由地质出版社结集出版。这也是金涛的第一本科幻小说集。就在这一年底，四川省歌舞团将《月光岛》改编成“科学幻想歌剧”。1998年，《月光岛》被改编成绘画文本，收入“绘画科幻精品丛书”，由上海科技教育出版社出版。问世30多年来，《月光岛》多次入选各种科幻选集，产生了较大的影响。

《月光岛》下半部在《科学时代》杂志上刊出的同时，著名科幻作家郑文光作为小说创作的见证人，在该刊热情地撰写文章介绍评价，开篇特别提到了此文诞生的背景：

去年（1979年）3月，南国还是春寒料峭的阴雨天气。我和金涛同志一起在厦门鼓浪屿参加一个会议。在鼓浪屿最高处，有一块名为月光岩的大石头，像劈天的金剑径直刺向灰蒙蒙的天空。

在那儿我们听到了在林彪、“四人帮”横行时期发生在月光岩的许多悲惨事件。这些事件把金涛同志深深地触动了。正直的心灵使他想通过小说形式把爱与憎的感情抒发出去，他从此每天睡得很晚，更深夜静，房间里还常常亮着经久不熄的灯光。

“我要写一篇科学幻想小说。”最后，他对我宣称道。

为什么要写科幻小说？

他和我讨论了这篇小说的主题和构思中的一切细节。那的确是篇科学幻想小说，同时又可以称之为社会小说。对于金涛，这两种文学样式是吻合无间的。他只有两个地方犹豫不决：一是科学内容是否太少？二是社会问题提得如此尖锐，会不会……

金涛本人则在《月光岛》后记中写道：“最打动我的心怀，使我不能忘怀的，却是我听到的一些令人悲哀的故事，现实生活中的悲剧。在这样独特的气氛中，理想与现实，虚幻与存在，是如此和谐而矛盾地融为一体，很难把它们分开。就这样，它督促我鼓起勇气构思成一篇小说，而且还决定把它写成一篇科学幻想小说。”在作品中，作者甚至有意暗示了故事发生的时间、地点和时代背景。

《月光岛》讲述了一个哀婉动人的故事：海洋大学海洋生物化学系的高材生梅生，在大学时代便跟生物化学家孟凡凯教授合作搞科研。不幸的是，这项重大的科研项目刚刚进入实验阶段，就赶上了史无前例的政治风暴。孟教授被人陷害，下落不明。梅生只得离开大学，来到一个荒凉的小岛上当了一名灯塔管理员。

这个仅有36个居民、几乎与世隔绝的小岛名叫月光岛。在极其艰苦的环境中，梅生坚持完成了他与孟凡凯教授合作的科研课题——用传说中烧成灰仍能复活再生的蚂蟥做材料，制成了具有起死回生神效的“生命复原素”，能够把死鱼救活。一天，对梅生十分友善的渔民海狼老爹带回来一具溺尸，是一个跳海自尽的美丽少女。梅生用“生命复原素”奋力抢救，少女起死回生。

经过交流，梅生震惊地获悉，这个名叫孟薇的少女就是孟教授的独生女儿。原来，孟教授被以里通外国的罪名逮捕后，妻子不堪打击，撒手人寰。孟薇走投无路，投海自尽。

在这样的特殊境遇里，梅、孟之间产生了纯真的爱情。渔民们也非常喜欢孟薇，把她当自家女儿看。但是，梅、孟这两个有情人并没有“终成眷属”。此时，“春天”来了，政治气候已经回暖，航运局取消月光岛的灯塔，为梅生争取到了一个出国留学的机会，而他关于“生命复原素”的论文也受到广泛关注，同时他找到了刚刚出狱的孟教授。

然而，当梅生和孟教授兴高采烈地回到月光岛时，却再也见不到孟薇了。桌上放着的两封信道出了原委：留学生办公室致函梅生，由于他的“社会关系令人遗憾”，组织上无法委派他出国深造。孟薇知道是自己影响了梅生的事业，留下一封悲愤的信笺，毅然决定跟海狼老爹乘飞碟永远离开地球——伪装成岛上渔民的海狼老爹等人，原来是偷偷来地球考察已达10年之久的天狼星人……

《月光岛》具有强烈的文学色彩，悲欢离合的人生际遇和曲折缠绵的爱情故事，耐人寻味，感人肺腑；文中有不少细致的心理描写和优美的景色描写，情景交融，动人心弦。小说开头是一段浪漫的诗歌：

啊，月光岛，
你美丽又荒凉，
想到你啊，
我永世难忘又无限悲伤……

这短短的几句喊出了主人公的心声。文中那些难忘的记忆、忧伤的往事、悲凉的心境、孤独的身影，与荒凉的小岛、迷离的月光、大海、信天翁、消失的晚霞和迅速扩散的夜色等，无不浸透着凄美的意境，衬托出主人公的孤独、迷惘和伤感。

《月光岛》虽然是科幻小说，却反映了严肃深刻的社会现实，不乏对人性的剖析与反思。小说的结局是出人意外的悲剧：眼看“噩梦”散去，一家人就要“大团圆”了，结果竟是父女分离、夫妻相隔。梅生纵有起死回生的“手段”，也不能阻止爱人的“失踪”。在故事的结尾，梅生得知孟薇走了，咬着嘴唇说：“走了，她走得好！”这样一个求生不得、欲死不能的世界，还有多少可以留恋的东西呢！对孟薇来说，去了外星球不啻去了天堂，这或许是她最好的选择了。

孟教授、梅生和孟薇的遭遇，是时代悲剧在个人身上的投射。他们劫后余生，身上都带有伤痕和烙印，怀着无处排遣的悲愤与积怨。这也使得《月光岛》被认为带有“伤痕文学”的意境。用郑文光的话来说：“它尖锐地提出了社会现实的某些问题，并且用强有力的艺术感染力启发着读者。……这个结局看似突兀，其实在‘情理之中’。它告诉我们，不要以为粉碎了‘四人帮’，就万事大吉了。”

新时期之初，不只是金涛，其他一些勤于思索的科幻作家，也都自觉地致力于通过科幻作品揭示民族和国家的“伤痕”，努力反思个人和历史的命运。张治、胡俊、冯臻在《现代性与中国科幻文学》中评述说：“他们和当时的主流文学作家们一样，以巨大的热情参与到新时期的思想文化建设中去。但在艺术手法上，科幻小说则不同于主流文学中的‘伤痕文学’，后者更多采用的是现实主义手法，而科幻小说往往将故事情节加以‘间离’。这种‘远距离’的审视，增强了作品独特而深邃的反思力度。”

仍以《月光岛》为例，它设计用“生命复原素”让孟薇死而复活的新奇情节，不仅表现了科学工作者在艰难的历史时期对科学的执着追求，也表达了作者对爱和正义的歌赞。而以天狼星人的角度来观察地球的文明，则以“间离”的方式将“文革”的罪恶性暴露出来，使人对那段野蛮当道、文明倒退的悲剧性历史有了更清晰的认知。

另外，早有研究者指出："在人物塑造、环境描写和情节构思等方面，金涛的《月光岛》，以及叶永烈的《生死未卜》和《碧海谍影》、童恩正的《珊瑚岛上的死光》和《古峡迷雾》等，也都取得了可喜的成绩，标志着科幻小说完全能作为文学的一个独特品种自豪地立于文艺的百花园中。"

《月光岛》，金涛著，湖北少年儿童出版社。

探索机器思维

约翰·卡蒂斯/《剑桥五重奏：机器能思考吗？》

“我的天！”当一个瘦高的黑发男子进入车厢时，列车员对自己咕哝道。如果一个男人直接在睡衣外套件运动夹克衫，他要不是嫌疑犯的话，其作派至少也是有伤风化的，特别是这件夹克衫好像自从它离开商店后就再也没被清洗或熨烫过。注意到这些之后，列车员走下车厢检票去了。

这个身着皱巴巴的夹克衫的男人，神经质地揉搓着手中那张去剑桥的二等车票。他并不为广大公众所知，但却被科学圈内视为怪异天才，是盟军取得对德战争胜利的主要贡献者之一。如果列车员知道这些的话，他肯定会大吃一惊的。

在约翰·卡蒂斯所著《剑桥五重奏——机器能思考吗？》一书的开篇，大名鼎鼎的阿兰·图灵就这样走进了我们的视野——他是最早提出计算机可以复制人类思维过程的英国数学家，“二战”期间曾为破译德军密码立下过汗马功劳。

在另外的一些场景和情形中，又有4位著名的学者粉墨登场，他们是：物理学家、诺贝尔奖获得者欧文·薛定谔，哲学家路德维格·维特根斯坦，遗传学家、科普工作者和政治活动家约翰·霍尔丹，小说家、公务员和物理学家查尔斯·珀西·斯诺。

这是在1949年春夏之交的一天，书中的5个主人公相聚于剑桥大学基督学院斯诺的住所，出席了一个特别的晚宴。他们一边品尝美味佳肴，一边围绕着“机器能思考吗？”这一论题，展开了广泛、深入甚至是面红耳赤、互不相让的探讨。

其实，这是一个虚构的兼为晚宴的学术研讨会。不过，据作者考证，晚宴举行的那段时间，书中5位主人公都在伦敦附近，他们是有可能相聚在一起的。作者言明，该书是以“科学小说”的文体写就的一部“幻想作品”。这样的作品，除了包含小说的基本要素外，更像是记事文体。以该书而论，即试图通过一个虚构的场景，讲述正致力于创造未来科技的人们所面临的智能和认知问题，其笔触也就局限于有关当事人的众所周知的思想和动机。

很显然，作者是根据主人公一生所形成的主要思想来构设论题的。图灵和维特根斯坦这两位大师级人物，被放置于“机器能思考吗？”这一论题的正反两方。在他俩的舌枪唇剑之中，又不时地穿插另外3位主人公的思想和见解。观念的碰撞、矛盾的冲突，在凸显主人公个性风采的同时，也展现了一幅人类探索自身思维和认知本质的广阔图景。

让故去的名流“复活”并侃谈，这类体裁的作品似不多见，它往往能够给人以新奇、有趣的感觉。在笔者有限的藏书中，这种风格的图书除《剑桥五重奏》外，还有三本值得一提。

其一，是荷裔美籍作家房龙的《天堂对话》。该书的时间跨度相当大。作者凭借自己丰富的想象力，不拘时空限制，采用古今对话的形式，介绍了几十位在人类历史上颇具影响的人物。其“手段”亦是通过邀请历史人物出席晚宴的情景描写，生动地烘托出这些人物的生平事迹、思想观念、生活习惯和性格特征。

其二，是日本著名汉学家诸桥辙次的《孔子·老子·释迦牟尼三圣会谈》。作者将孔子、老子和释迦牟尼“安排”于庐山聚谈，通过细究并比较这3位东方思想史上卓越人物的思想发展轨迹，进而达成透视东方思想传统底蕴的旨意。

其三，是英国科学史专家迈克尔·霍斯金的《科学家的头脑》。作者采取5次谈话的形式，依次讲述了伽利略、牛顿、赫歇尔、达尔文和巴斯德的科学生涯，并请他们各自解释：为什么他以自己的方式看世界，为什么提出的是这些而不是其他问题，以及他如何来解答这些问题。

《剑桥五重奏》中的晚宴对谈，用约翰·卡蒂斯的话说，称得上是一个高水平的科学和哲学沙龙。正如该书的标题所揭示的，它更像是一场音乐会：在书中“复活”的五位大师级人物，以其精湛的演技，演奏出了一曲高亢雄浑的关于生命、思维和机器主题的交响乐；而且，曲终席散，依然余音缭绕。

这里有必要指出：尽管大师们对“机器能思考吗？”这个论题的方方面面，都进行了充分、严谨的论证，但是，读者诸君可别指望从中能够得到一个明确的答案：机器思维，行，还是不行？因为机器思维是一个与科学和哲学都密切相关的非常复杂的问题，甚至对其“复杂”程度的认识本身，都有一个大起大落的认识。

让计算机能够像人脑一样思考，是人们长久以来的梦想，然而这可不是一件容易的事情。与此相关的一门极富挑战性的科学，人们通常称之为“人工智能”。

攻克机器思维这个堡垒究竟有多难？这方面的一位权威人物约翰·麦卡锡有言：“如果想在人工智能领域有所成就，我们需要1.7个爱因斯坦，2个麦克斯韦，5个法拉第，再加上3项曼哈顿计划。”但时光回溯到40多年前，人们的认识可不是这样的。

在1956年夏天于达特茅斯举行的、被认为具有里程碑意义的那次讨论会上，约翰·麦卡锡首次提出了“人工智能（AI）”的概念。当时，他与马尔温·明斯基、爱德华·费根鲍姆等人工智能领域的大腕信誓旦旦地指出：机器会思想的时代即将到来！他们甚至认为，这一天的到来压根就用不了20年时间。

现在回过头来看，这种估计显然是太乐观了。明斯基的一位搭档在回忆当年的那种“狂妄之勇”时打了这么一个比方：“当时的情景倒很像第一批到达北美新大陆的人们环顾四野并且高呼：‘这里是丰美之地，我们将用10~15年的时间去令之富饶繁荣。’我们并不知道这片区域到底有多么广阔。”

约翰·麦卡锡本人几十年来所做的工作，是探讨用可以通过电脑操纵的公式系统表达人类思维的所有形式。他坚称：“没有理由相信我们不能写出一个能使电脑像人一样思考的公式。”

这位大人物所承继的，无疑就是阿兰·图灵的衣钵。图灵认为，大脑神经元的存储行为和模式改变，跟计算机的相应行为是非常相似的；而且，大脑和计算机都能修改它们各自存储空间中的值：前者通过不同神经元的激发，而后者通过程序指令的执行。正是这种相似性使他相信：人类可以建造一台能够思考的机器。唯一的障碍看起来并不在逻辑上，而是在技术上。最有说服力的一个理由则基于这样一个事实，即制造出模仿人体任何部分的机器是可能的。

但维特根斯坦并不这样看。他认为，任何人类思想都是和语言表达密切相关的。没有语言就没有思想，人们在谈论“思维机器”的时候怎么能够不考虑用于表达思想的语言呢？而语言又是一种共享的生活方式——人类生活的直接产物。不管人们所建造的机器是何等的聪明，它都不可能去共享人类的那种生活方式。因为它是机器，因为思考需要精神状态，而具有精神状态的特性只存在于人类生活中。所以他声称绝不相信思维机器的可能性，将“思考”这个词赋予任何一种机器都毫无意义。

图灵与维特根斯坦之争，构成了《剑桥五重奏》中矛盾冲突的主线。直至晚宴结束，他俩谁也都不能说服谁。相关话题，一直延续至今。

《剑桥五重奏——机器能思考吗？》，[美]约翰·卡蒂斯著，胡运发、周水庚、杨茂江译，上海科学技术出版社；《仿脑——从科幻到现实》，[波兰]安奇·布勒著，刘娟、李伟钢译，刘健勤审校，湖南科学技术出版社；《人工智能哲学》，[英]玛格丽特·A·博登编著，刘西瑞、王汉琦译，上海译文出版社。

预言一种“深刻的变化”

雷·库兹韦尔/

《奇点临近：2045年，当计算机智能超越人类》

出生于艺术之家的雷·库兹韦尔打小就沉浸在古典音乐的旋律氛围中，而且对科学和各种发明有着浓厚的兴趣，5岁时他便认定自己长大后将成为一名发明家。1960年，年仅12岁的库兹韦尔接触到计算机，并着迷于它模拟和改造世界的能力，同时也开始了对人类思维与计算技术之间联系问题的思考。

那一时期，见多识广的外祖父对库兹韦尔也产生了重要影响。从老人讲述的传奇故事中，库兹韦尔懂得，人类的思想具有无穷无尽的力量。达·芬奇的思想是超越人类局限性的创造力的象征，而希特勒的思想则显示出了一种毁灭一切的力量。因此，库兹韦尔从早年开始就把追求“好思想”放在了一个非常重要的位置，认为它们体现出了我们人类价值中最好的那部分。

1967年，库兹韦尔进入麻省理工大学，主修计算机科学和文学专业。然而，在学校的大部分时间里，课堂上几乎都见不到他的踪影。他醉心于自己的研究项目和发明创造，开发了一款适用于高中生和大学生的计算机程序——一种基于知识的专家系统。

就在那一时期，库兹韦尔有机会获准进入国家安全局，见识了一台当时堪称顶级的IBM360的91型计算机，其速度高达每秒钟100万条指令，租金是每小时1000美元。“当机器处理每个学生应用的时候，我产生了一种神奇的感觉——”，多年之后他回忆道：“平板发出的光以一种独特的方式跳动。尽管我对每一行代码都很熟悉，可是当每次运行的循环结束、光线变暗的那几秒钟，我还是感觉到计算机仿佛陷入了沉思。”

大学毕业时，库兹韦尔已经接触到人工智能领域中的几位大腕级学者，对人工智能在协助和扩展人类潜力方面的应用前景也越来越关注。随后一些年里，他拥有了包括平板扫描仪、阅读机以及数字音乐合成器在内的一系列出色的发明产品和技术公司。

此时他开始意识到，发明的意义在于它能够为技术和市场力（这种力量在发明被引入时就存在）提供能量，以构建远不同于原来世界的新世界。于是他着手研究各种模式，即各种不同的技术（电子、通信、计算机处理器、主存、磁存储）是如何发展的，以及它们如何潜移默化地影响着市场，并最终影响着社会规则。

到了20世纪80年代，库兹韦尔对技术的发展趋势及其对生命的影响力产生了兴趣，同时开始把自己发现的模式应用于项目中，并预测技术创新对2000年、2010年、2020年，甚至更远年代的影响。这使得他能够运用未来的能力去设计发明创造。他在80年代中晚期完成的自己的第一本书《智能机器的时代》，包含了对20世纪后10年和21世纪初期的广泛而且相当准确的预测。有人做过统计：在他早年为2009年所做的108项预测当中，有89项已经成真了，还有13项也十分接近现实。

在1999年出版的《灵魂机器的时代：当计算机超过人类智能时》一书中，库兹韦尔更是出语惊人，指出：到21世纪初，地球上将出现一种足以与人类智能抗衡的新型智能，最终它将远远超过人类的智能。作为人类发展史的一个最重大的进展，其重要性超过构成人类历史的任何重大事件，丝毫不亚于人类智能的产生。他还想象：“当电脑的复杂程度与人脑不相上下，甚至超过人脑时，……它们也必然会利用带有某种价值观和情感的目标。”这意味着，将来的类人智能体也能够拥有像意识、情绪这样的特质。

库兹韦尔的预言和观点在被广为传播的同时，也引起了极大的争议，乃至强烈的质疑。但库兹韦尔坚信自己的论断言之成理，一种“深刻的变化”必然会发生。而他所构想出的关于科技进化的理论——“加速回归理论”，能够解释为什么在宇宙的总体进化中，技术和进化将以指数的速度向前推移。这也贯穿着在过去的30年里他逐渐认识到的“一个重要的基本思想”：改变世界的思想力量其本身也正在加速。换句话说，并不只是科技在飞速地发展，“发展”本身也在不断地跃进。

库兹韦尔更为系统、全面的论点集中展现在他于2005年推出的《奇点临近：2045年，当计算机智能超越人类》一书中。他在书中所阐释的“奇点”（Singularity）是一个英文单词，表示独特的事件以及种种奇异的影响。数学家用这个词来表示一个超越了任何限制的值，如除以一个越来越趋近于零的数，其结果将激增。例如，简单的函数y=1/x随着x的值趋近于零，其对应的函数（Y）的值将激增。

就天体物理学方面的例子而言，一个经历了超新星爆发的大质量恒星的残余部分，最终会变成体积为零、密度无穷大的点，这时奇点便在该点的中心诞生了。当这个星球达到了无限密度后，连光都无法摆脱它的引力，它就成了“黑洞”——构成了空间和时间结构中的一种破裂。

据说，奇点由计算机的重要奠基人之一冯·诺伊曼第一次提出，并把它表述为一种可以撕裂人类历史结构的能力。而美国计算机专家和科幻作家弗诺·文奇则使用该词来描述那种无情的、飞速前进的科技发展最终将达到的一种临界聚集状态，文奇早在1993年就指出：“由超人类智能驱动的进步是非常迅速的。……我们还能以几千倍于自然选择的速度解决许多问题。……从人类的角度来看，这些改变将抛弃之前所有的规则，也许只需一眨眼的工夫，指数的增长就将突破任何试图对它的控制。”

在库兹韦尔看来，奇点概念的一个突出影响，就是改变了人类理解能力的本质。“想想看，一个世纪以前的人们看到现在的技术，他们会觉得多么难以置信。”它实质上既是对科技趋势的理解，也是引起一个人重新思考每一件事情的领悟——从健康与财富的意义，到死亡和生命的本质。

微软创始人比尔·盖茨称《奇点临近：2045年，当计算机智能超越人类》“这本耐人寻味的书预测未来信息技术得到空前发展，将促使人类超越自身的生物极限——以我们无法想象的方式超越我们的生命。”美国物理学家迪安·卡门则评价说：“阅读此书，你将惊叹于人类发展进程中下一个意义深远的飞跃，它从根本上改变了人类的生活、工作以及感知世界的方式。库兹韦尔的奇点是一个壮举，以不可思议的想象力和雄辩论述了即将发生的颠覆性事件，它将像电和计算机一样从根本上改变我们的观念。”

更重要的一点在于，我们再不能以看待过去的视野，去理解必将超越它的事物了。

《奇点临近：2045年，当计算机智能超越人类》，[美]雷·库兹韦尔著，李庆诚、董振华、田源译，机械工业出版社；《灵魂机器的时代：当计算机超过人类智能时》，[美]雷·库兹韦尔著，沈志彦、祁阿红、王晓东译，上海译文出版社；《人工智能的未来：揭示人类思维的奥妙》，[美]雷·库兹韦尔著，盛杨燕译，浙江人民出版社；《机器的征途——为什么机器人将统治世界？》，[英]凯文·渥维克著，李碧、傅天英等译，项龙校，内蒙古人民出版社；《制脑者：创造堪与人脑匹敌的智能》，[美]戴维·弗里德曼著，张陌、王芳博译，三联书店；《超级智能：路线图、危险性与应对策略》，[英]尼克·波斯特洛姆著，张体伟、张玉青译，中信出版社；《情感机器》，[美]马文·明斯基著，王文革、程玉婷、李小刚译，浙江人民出版社；《与机器人共舞》，[美]约翰·马尔科夫著，郭雪译，浙江人民出版社。

“小灵通”的前世今生

叶永烈/《小灵通漫游未来》

就像今天的孩子几乎没有谁不知道超人、奥特曼一样，在30多年前，也几乎没有哪个孩子不知道“小灵通”——那个圆脑袋、大耳朵且聪明好奇、消息灵通的小记者。

1978年出版的《小灵通漫游未来》是叶永烈的科幻处女作、“文革”后中国出版的第一部科幻小说。翌年春，11岁的我第一次读到它，心潮澎湃，对未来充满期待，同时也对科幻小说产生了浓厚的兴趣。

是啊，在那个百废待兴的年代里，它让求知若渴的孩子们对未来生活产生了无限的遐想。不同凡响的是，它首版即印了150万册，很快便风行全国；随后，它又被改编成3种版本的连环画，印数也突破了150万册。如此一来，《小灵通漫游未来》的总印数达到了300万册之巨，创造了中国科幻小说的一个“吉尼斯”纪录，这在今天就像是神话一般。

《小灵通漫游未来》的诞生，缘自于某种现实的“需求”。

1977年10月，少年儿童出版社的几位编辑在上海长宁区第一中心小学里体验生活，约时任上海科教电影制片厂编导叶永烈给小学生们上一堂科学知识课。经征求小朋友们的意见，他们一致要叶永烈讲《展望2000年》。他答应下来后去讲了一课。想不到，第2天消息传开，有4个小学派代表来要他去讲；第3天、第4天，几十个中、小学要他去讲。后来，甚至连无线电厂、公安局消防队、图书馆都发出了邀请，讲的题目都是一个——《展望2000年》。

这不禁让叶永烈思考这样一个问题：为什么不论是孩子还是大人，都对“2000年”那么关心，并且怀有那么大的兴趣呢？一位老师对他说：“这是因为大家都知道祖国的未来是美好的，但很想具体地知道未来是怎样美好。孩子们是未来的建设者，他们就更加强烈地向往未来，关心未来。”还有的老师建议他把讲课的内容写出来，写成一本书。

此后不久，叶永烈又应少年儿童出版社之邀 ，以《在庆祝国庆五十周年的时候》为题写一本书，展望祖国在2000年时工农业、科技等方面的新成就。他顿时想到自己早在1961年就写出的一本科学幻想小说《小灵通的奇遇》，就是讲“未来是什么样”的。

这部当时未能出版的书稿，是以作者多方收集资料辑成的《科学珍闻三百条》为素材创作的。它通过一位眼明耳灵、消息灵通的小记者——小灵通，到未来市进行一番漫游，报道种种未来的新科学、新技术。这样一种写法，把那些一条条孤立的科学珍闻，像一粒粒珍珠用一根线串了起来。另外，在讲每条科学珍闻时，不是直接讲如何如何，而是通过形象化的幻想故事来写。只可惜，由于幻想太过超前，又诞生于吃不饱的年代，于是，书稿难逃搁浅的命运。

好在，当“科学的春天”到来之时，这颗被遗弃多年的种子终于得以萌发。发黄的书稿送到少年儿童出版社，立即受到领导和编辑的热情肯定。他们建议把书名改为《小灵通漫游未来》，并提出了一些修改意见。叶永烈重新写了一稿，又由画家配上生动活泼的插图，只花了3个月时间书就印好了。

《小灵通漫游未来》借小灵通视角所描述的未来世界的许多新鲜事物极富科技含量，它们渗透到了生活的每个细节，像原子能作动力的气垫船、能在海上飞行的水翼船、微型半导体电视电话机、电视手表、靠气流推进的无轮飘行车，还有家用机器人、人造器官、塑料钢、人造大米、人造蛋白质、植物新品种萝瓜（把萝卜与丝瓜合在一起）、钢化瓷器、有气味的环幕立体电影、白昼电影、写话机、消云剂与降雨剂、人造叶绿素、鸡蛋大的葡萄、无土培植、相当于信用卡的银行的自动管理……其中预言的许多事物现在已经被证明其合理性和可实现性。

当年，这本书成了不少孩子进入科学殿堂的启蒙读物，在许多地方被列入中小学生的必读书目；甚至，它还微妙地影响了许多孩子对自己未来职业和事业的“设计思路”。小灵通的形象深入人心，影响了几代人，及至后来，连中国电信的一种无线话机都以“小灵通”命名（这个名字是经叶永烈同意授权的。商家最初注册商标的时候，还让叶永烈签了授权书）。

当年，刚成立不久的中国科普创作协会（后改名为中国科普作家协会），曾专门组织了一些科普作者、译者、有关科学家、编辑、科普美术工作者和适龄读者，就《小灵通漫游未来》的主题思想、意义、科学内容、体裁、写作技巧、美术设计等进行评论。

研究者通常将《小灵通漫游未来》视为"科普型"科幻小说，其实，作者创作之初就已注意到给予小读者思想内涵的"熏陶"。如作者在《未来市的历史》这本金色硬皮大书里留下了意味深长的一页白纸，这是"未来市的未来"的地图，旁边写道："未来市将来变成怎样，这最新最美的图画，是要靠我们用劳动的双手去绘制，也是要经过艰苦奋斗，才能把它建设得美丽，使我们的生活更幸福。"

也有评论家指出，尽管《小灵通漫游未来》十分畅销，但它的思想价值和艺术价值一直受到忽视，长期以来仅仅被视为一本科普读物和儿童读物。如郑军认为，在《小灵通漫游未来》出现以前，新中国科幻小说基本上是以"当代"为背景，缺乏明确的未来意识。个别作品虽然将故事背景设置在未来，但只是就一两个点进行描写。《小灵通漫游未来》全方位地构造了一个"未来市"，堪称新中国文学史上的创举。

在小说中，"未来市"不仅科技特别发达，那里的居民还喜欢学习外语，对外交流。这已经超出了单纯"科学幻想"的范畴。特别是小说的结尾，作者以一本没有写完的书进行比喻，说明"未来"存在于今人的建设中，这种鲜明的"未来意识"正是科幻文学的基本价值观。

回望《小灵通漫游未来》，这部作品虽然篇幅不大，文学技巧也稍显不足，但它的影响无疑是广泛而又深远的。我们看到，后来很多文学技巧纯熟的科幻作品反倒无法望其项背，这当中的原因值得深思。

《小灵通漫游未来》问世之初，“文革”结束不久，国人心中创痛未平，文坛主潮为“伤痕文学”。不过，这个时候，向“四个现代化”迈进的号角已然吹响，一个新的时代渐进到来。那也正是中国刚刚摆脱思想桎梏、幻想精神异常活跃的年代。

叶永烈的这部科幻小说没有抱怨、感伤与自怜，而是充满积极进取的态度和昂扬向上的乐观主义精神，全景式地展现了未来世界的美好图景，并且契合了当时人们对2000年的向往之心。因而可以说，它实际上是“文革”后最早出现的一部带有“启蒙”意义的科幻作品，乃至时代精神的一种表征。

《小灵通漫游未来》在创造畅销“神话”的同时，也给叶永烈带来了巨大的声誉，并成为他由科普创作迈向科幻创作的一个重要转机。1984年，作者续写了《小灵通再游未来》，世纪之交又写出了10万字的《小灵通三游未来》，时间前后跨越20余年，依然将“小灵通”这一深入人心的形象作为贯穿3部小说的主人公，在此前提下展开幻想的翅膀。但从现实影响看，后两部小说远不及第一部。这与小说艺术水平无关，而是因为时代在前进，适合“小灵通”繁茂生长的时代已经逝去。1998年3月，叶永烈在《“小灵通”回眸话当年》一文中，对相关创作情况作了如下概述：

小灵通前往“未来世界”，乘的是“原子能气垫船”。如今，气垫船已经很普通，从上海至宁波，从深圳到珠海，每天都有“飞翔船”往返。所谓“飞翔船”，也就是气垫船。当然，小灵通乘的以原子能为动力的大型气垫船，虽然还没有出现在世界上，但是已经不很遥远了。

小灵通手腕上戴的“电视手表”，已经接近于变成现实，如今，“掌上微型电视机”已经商品化。更小的手表大小的微型电视机的诞生，指日可待。

在《小灵通漫游未来》初版本中写到的“环幕立体电影”，如今已经变为现实。把小轿车驶进电影院，坐在车里看电影，这些已经实现——虽说并不那么普遍，但是毕竟有了。

小灵通见到小虎子的“老爷爷”（曾祖父）下棋不戴眼镜，很吃惊。一问小虎子，这才明白：“他的眼睛不花，那是因为他眼睛里装了老花眼镜。镜片是嵌在眼睛里的，所以你看不出来他戴眼镜。我的爸爸的眼睛里也嵌着镜片，不过，他嵌的是近视镜片。”这种“嵌在眼睛里的眼镜”，如今比比皆是——隐形眼镜。

在《小灵通漫游未来》初版本中，曾写及“未来市农厂”，在巨大的玻璃温室里，工厂化生产农产品。这样的“农厂”，如今已经有了。当然，书中所写的“一个月可以收一次苹果，半个月可以收一次甘蔗，十天可以收一次白菜、菠菜，而韭菜在一个星期内就可以割一次”，还有那“红红的苹果，比脸盆还大，黄橙橙的橘子像一只只南瓜”，“切面圆圆的像张圆桌面”的西瓜……则尚须努力，才能变为现实。

40年前写的《小灵通漫游未来》初版本中，还有许多科学幻想，尚待21世纪实现。比如，天气完全由人工控制，晴雨随意，“天听人话”；天空上高悬人造月亮，从此都市成了真正的不夜城；家家都有机器人充当服务员；人的器官可以像机器零件一样调换，从此人“长生不死”……

现在重读《小灵通漫游未来》初版本，作者最大的缺憾是书中没有强调电脑在未来世界中的关键性作用。《小灵通漫游未来》初版本在写及机器人铁蛋时，提及电脑：“他的本领，全靠那个方脑袋里装的电子脑——微型电子计算机。”“电子脑”如今已经无处不在，到处引发智力革命。

《小灵通漫游未来》，叶永烈著，少年儿童出版社。

卷四

思

理性之道

“春天”的觉醒

蕾切尔·卡森/《寂静的春天》

有人说，只要春天还听得到鸟叫，我们就应该感谢她——蕾切尔·卡森（1907—1964年）。这句话或许有点儿夸张，但今天应该没人会否认，现代环境运动的肇始，当以1962年《寂静的春天》问世为标志。而这部名著的创作，恰恰因由鸟儿遭受滴滴涕（DDT）滥用所害促发。

1958年1月，出版过几部海洋科普读物并颇有些声名的生物学家蕾切尔·卡森，收到马萨诸塞州一位住在鸟类保护区里的熟人、报纸编辑奥尔佳·欧文斯·哈金斯的来信，获悉滴滴涕已造成保护区内的鸟类濒临灭绝，情况非常糟糕：“去年，灭蚊飞机飞过我们的小镇，……喷洒了好几种致命的药。……一下子毒死了我们7只可爱的鸣鸟。第2天早上，我们就在门前捡到3只死鸟。它们都是些跟我们生活得很近、信任我们、在我们的树上筑巢多年的小鸟。”

奥尔佳信中所述表达了自己的悲愤之情：“……所有的这

些鸟儿死去的样子都很吓人。它们的嘴张得大大的，张开的爪子都痛苦地耷拉在胸口。”此番奥尔佳希望卡森能利用她生物学家和科普作家的威望，影响政府官员去调查杀虫剂的使用问题，可卡森觉得给杂志撰写文章警示公众或许最为有效。

然而，卡森所联系的编辑们竟然都回绝了。那个时候，政府官员和科学家都把滴滴涕当成化学上的奇迹、一种“革命性”的新农药和“虫子原子弹”，并为它欢呼；它的发明者、瑞士化学家保罗·米勒因此还获得了1948年诺贝尔生理学或医学奖。

卡森思之再三，认为揭示真相自己责无旁贷，于是下决心把她对这些问题的思考和见解写出来。她要让公众认识到，尽管滴滴涕曾经被认为是“人类的救星”，但它和其他杀虫剂实际上也有可能成为“人类的杀手”，因而强效化学制剂的使用应更为谨慎、更有节制。在跟一位好友谈到自己的计划时，卡森说：“知道自己在做什么，如果再保持沉默，我的内心就无法平静。”

卡森很快便开始行动：收集资料，实地考察，调查访谈。她联络了许多昆虫学家、化学家、生物学家和病理学家，拿到大量第一手的研究资料。她还深入了解了多宗环境诉讼案，走访了好些因喷洒农药而患病的农场工人，以及家里有宠犬和家畜被杀虫剂毒死的家庭。

在另一条“战线”上，起初工作进展比较顺利，卡森很容易就能从政府部门和图书馆得到她想要的信息。但是，当官员们发现她写作的内容后，就不愿意再合作了，还有不少人试图阻止她的要求。此时，她的身体也不是很好，正受着多种疾病的困扰。

按照卡森最初的设计，她要写的是一本论述滴滴涕影响的小册子，而非一本“大书”的架构。她于1958年5月与哈顿·米夫林出版公司签订的出版合同，拟定的题目为《控制自然》。计划当年7月完稿，次年1月出版。

然而，随着调查、研究和思考的逐渐深入，卡森改变了最初的想法：“我对杀虫剂的作用了解得越多，就越感到害怕。我意识到这是一本书的写作素材。”后来回忆起1958年年初的日子，卡森这样说道，“我发现，作为一个自然主义者，对我非常重要的事物都受到了威胁，在我所能做的事情当中，没有一样是比写书更重要的了。”

此时卡森心里很清楚，一个谈论滴滴涕的小薄册，概括不了她所掌握的丰富材料，也包容不下那个必得延伸开来的宏大主题。她要完成的，将是一本前所未有的改变人类对待自然的态度，乃至人类思维方向的书。

断断续续地写了3年多，卡森终于完成书稿。开篇，她以隐喻的手法写道：

从前，在美国中部有一个城镇，这里的一切生物看起来与周围环境相处得很和谐。……野外一直是这个样子，直到许多年前的一天，第一批居民来到这儿建房、挖井和筑仓，情况才发生了变化。从那时起，一个奇怪的阴影遮盖了这个地区，一切都开始变化。一些不祥的预兆降临到村落里：神秘莫测的疾病袭击了成群的小鸡，牛羊病倒和死去。到处是死亡的阴影，农夫诉说着他们家人的疾病，城里的医生也愈来愈为他们病人中出现的新疾病感到困惑……

一种奇怪的寂静笼罩了这个地方。比如，鸟儿都到哪儿去了呢？许多人谈论着鸟儿，感到迷惑和不安。园后鸟儿寻食的地方冷落了。在一些地方仅能见到的几只鸟儿也气息奄奄，战栗得很厉害，飞不起来。这是一个没有声息的春天。这儿的清晨曾经荡漾着乌鸦、鸫鸟、鸽子、樫鸟、鹪鹩的合唱，以及其他鸟鸣的音浪；而现在一切声音都没有了，只有一片寂静覆盖着田野、树林和沼地。

是什么东西使得镇子里的春天之声沉寂下来了呢？

这正是卡森创作的新书“想尝试着给予解答”的问题。

书稿杀青后，著名的《纽约客》杂志率先从1962年6月16日起以3期连载，旋即轰动全国。书稿最初的名字叫《人类与地球对抗》，当编辑保罗·布鲁克斯读到书中开篇“明天的寓言”对于“一种奇怪的寂静”的描述时，大发感慨也突发灵感，遂将书名改为《寂静的春天》。卡森对此予以认同，她的文学经纪人玛丽·罗黛尔还找到了英国著名诗人约翰·济慈的诗句作为题词：“湖上的芦苇已经枯萎，也没有鸟儿歌唱。”

1962年9月27日，《寂静的春天》正式出版，并在两周后登上了《纽约时报》畅销书排行榜的榜首，很快便售出了4万册，到当年12月已卖出了12万册。在1962年的整个秋季，《寂静的春天》都位居《纽约时报》畅销书排行榜第一名。

“先知”发出的刺耳之声一开始总是难以被认同的。不理解、不开窍、不在乎只是问题的一个方面，要害其实在于，有些人感觉到他们的利益受到了威胁。这就难怪，《寂静的春天》尚未问世便遭遇到许多阻挠，出版后更招来了诸多围攻和谩骂——从“煽情”、“自然的女祭司”到“歇斯底里的女人”和“极端主义分子”，什么难听的话都有。

代表主流商业文化的企业人也发出了如此陈述：“没有鸟类或动物我们可以照样活，但是，正如目前市场不景气所显示的那样，没有商业我们就活不了。”有人挖苦道：对于那些坐在家里写书的人来说，环境保护听起来极其美妙，但对于家庭主妇来说，谁愿意去买被虫蛀烂的苹果呢？还有人针对书名写了首打油诗：“千言万语只为说明，比人命更值钱的是鸟儿的生命。”

来自化工界、农药生产商和某些专家的攻击尤为猛烈，他们指责书中包含了“荒唐的错误”和“耸人听闻的推论”。有家农药公司雇人逐字逐句地推敲书中内容，然后质疑作者的可靠性，说她学的是海洋生物学，而非生物化学。著名的生物化学家罗伯特·怀特—史蒂芬斯将卡森斥为“自然界平衡崇拜的狂热辩护人”，还煞有介事地“提醒”公众说：“如果人类忠实地遵循卡森小姐的教导，我们将回到黑暗时代，昆虫和疾病以及害虫将再次接管地球。”

实际上，卡森并非偏颇之人。她在书中很清楚地表明了自己的态度：“我的意见并不是化学杀虫剂根本不能使用。我所争论的是我们把有毒的和对生物有效力的化学药品不加区分地、大量地、完全地交到人们手中，而对它潜在的危害却全然不知。”这正是当时的人们很难觉察的危险。

她持有并反复强调这样一种观点：“地球上的所有生命都是相互联系的，每个物种都与其他物种有关联，都跟地球相关。这是《我们四周的海洋》以及其他海洋图书的主题，也是《寂静的春天》所传递的信息。”

1964年4月14日，卡森因患癌症与世长辞。

1970年1月1日，美国最重要的独立的环境法案——《国家环境政策法案》签署生效。在这部法案众多的条款中，它确立了当今美国最重要的制定环境政策和处理环境问题的独立单位——美国环境保护总署。同年4月22日，美国首次在全国范围内举行了“地球日”活动，并延续至今，每年都不间断，规模和范围也不断扩大。1972年，美国全面禁止滴滴涕的生产和使用；同年，联合国在瑞典首都斯德哥尔摩召开了里程碑式的联合国人类环境会议，“只有一个地球”第一次成为全人类的共识。

1980年，美国政府追授卡森美国普通公民所能得到的最高荣誉——总统自由奖章。时任美国总统的吉米·卡特在致辞中肯定了她的环保先驱者地位，称赞她“给美国和世界带来的是一个觉醒的春天。”

这位超前的思想家深刻洞察了技术和进步背后所隐藏的危险代价，并通过预言一种灾难性的可能惊醒整个世界。正是由于她艰苦卓绝的奋争和呼吁，大大激发了人们的生命意识与自然意识，改变了人们看待自然界的方式乃至人类思维的方向，环境保护事业作为一项公共政策才逐渐被公众认可和接受。

蕾切尔·卡森，一个呼唤春天觉醒的人，我们应该永远记住她。

《寂静的春天》，[美]蕾切尔·卡森著，吕瑞兰、李长生译，上海译文出版社；《海洋传》，[美]蕾切尔·卡森著，方淑惠、余佳玲译，译林出版社；《海风下》，[美]蕾切尔·卡森著，方嘉文译，外语教学与研究出版社；《海滨的生灵》，[美]蕾切尔·卡森著，李虎、侯佳译，北京大学出版社；《生命之家：蕾切尔·卡森传，[美]保罗·布鲁克斯著，叶凡译，江西教育出版社；《〈寂静的春天〉的续篇》，[美]小弗兰克·格雷厄姆著，罗进德、薛励康译，萨克达校，科学技术出版社。

瞧，这个人

弗里曼·戴森/《反叛的科学家》

在星光灿烂的科学天幕上，成就斐然、堪称“著名”或“杰出”的科学家明星已然不少，但真正有思想、有情怀、有魅力的却凤毛麟角。在我心目中，本书作者弗里曼·戴森就是这样的一位。

跟斯蒂芬·霍金和几年前过世的约翰·惠勒类似，戴森身上虽没有诺贝尔奖的光环罩着，但在物理学界却也是大师级的人物，其地位和影响与诺奖得主相比丝毫不差，更何况他确曾与此奖“擦肩而过”并留下佳话。

早些时候有一种说法，认为戴森在量子电动力学理论方面所作的重要工作，理应获得诺贝尔奖，至少应该获得比现在更高的荣誉。他的一些同事也曾怀疑（抑或是打趣？），可能正是因为失望以及由此而来的对立情绪，才导致戴森后来去追求那些与其非凡才能极不相称的研究工作。比如：探索外星文明和人类太空移民的构想，对生命进化、核能利用、军备控制所做的探讨，乃至于气象学研究，等等。

当然，不乏另外一种解读。一部介绍普林斯顿高等研究院及其科学大师们工作、生活的著作，对戴森有这样一番议论：“戴森一直是个备受争议的人物，也许还有点名声不好。在专业研究上，他不像院内的其他人那样从一而终，总是时而研究这个，时而研究那个，什么方向都尝试一段时间，好像是世上新鲜有趣的事情太多，他不能投注全部心力只做一件事。他既是粒子物理学家，又是天体物理学家，还是理论数学家。……他精于上述领域，集‘三家’于一身，又旁通其他学问，造诣颇深。”

而戴森本人则这样为自己开脱：“我脑子没有年轻人快，跟他们一起凑这个热闹（指超弦研究）不太明智，所以，我选择做一点不太时髦的工作，比方说研究生命的起源。”有一次他还向人发问：“你去过剑桥吗？那儿到处都是疯子——一帮怪物和独行客，成天琢磨着干一件很难却又能名垂青史的大事。他们疯狂有什么不对吗？大自然就是疯子。我倒希望高等研究院能多一些疯子。”

瞧，多么“各色”的一个人！

十几年前第一次见识戴森尊容，我就觉得此君气度不凡，长相也颇有特点；几乎与此同时，又从《科学的终结》一书中看到约翰·霍根对戴森那稍显刻薄、略带调侃的描述，不禁哑然失笑——

“他身材矮小，瘦得似乎只剩下了一把骨头，高而尖的鼻子，深陷的双眸中透出锐利的目光，酷似一只被驯服的猛禽。

他的举止冷淡而沉默——除非是在他大笑的时候。他的笑声似乎全是通过鼻腔发出来的，同时双肩剧烈耸动，就像是一个12岁的小学生刚刚听到一个下流笑话似的。

那是典型的颠覆分子式的笑声，只有发出这种笑声的人才会把太空看作是‘宗教狂热分子’和‘难以管教的不良少年们’的天堂，才会坚持认为：科学充其量也不过是‘一种对权威的反叛’而已。”

就是上面这段文字，先入为主地让戴森给我留下了一个“另类”科学家的印象。

过后不久，陆续看到他的几部作品——《宇宙波澜：科技与人类前途的自省》《全方位的无限：生命为什么如此复杂》和《想象中的世界》，感觉果然不一般：文字优雅飘逸，思想深邃奔放，读来十分亲切也相当过瘾，令我不时得以开启心智、掩卷沉思，对作者不由地肃然起敬。坦率地说，这与卡尔·萨根、刘易斯·托玛斯、理查德·道金斯、斯蒂芬·古尔德（他们也都是当今时代非常著名的科学家兼作家）作品给我所带来的阅读体验和感受，是不大一样的。

我想，戴森其人及作品之所以富有情趣、魅力十足，主要是因为：第一，他对科学的本质洞察入微，对科学的思维方式也有精深的理解；第二，他涉猎广泛、视野开阔、思想旷达；第三，他具备深厚的哲学素养和浓郁的人文情怀；第四，他个性鲜明、见解独特，而且善于表达。

这本《反叛的科学家》书评文集，收入了戴森更晚些时候的作品，应该说，其个人风格印记更为彰显。一如往前，戴森很注重也很善于讲“故事”。他论述的主题往往由自己的一段亲身经历或体验展开，有时甚至还辅以相当详实的细节描述。他说过，“要明白科学以及它和社会互动的本质，你必须检视个别的科学家，以及他面对周遭世界所抱持的态度。研究由科学所衍生之伦理问题的最佳途径，是实地了解科学家所面临的一些进退两难的现实窘境。再则，鉴于第一手资料往往是最可信赖的，我就由自己的亲身经历写起。”

本书第2篇文章《科学可以是合乎道德的吗？》，即具有典型的戴式风格；其他忆及特勒、费曼和奥本海默等科学大师的篇章，也都融入了作者对当事人所作所为细致入微的观察、思考与洞见。

戴森喜欢拿科幻小说来说事讲理，做案例分析，并以此比照和评价科学事实，这也是其作品内涵丰富、可读性强且颇具启发意义的一个十分显著的特色。他把自己从事的科学称为“自己的领域”，而将科幻小说当作“我的梦想家园”。他认为科幻小说比科学本身更能让人明白易懂，且可以“显示有人情味的输出”。这通常要“比任何统计分析都高明，因为真知灼见需要想象。”本书第4篇文章《未来需要我们》，话题虽由一部名为《纳米猎杀》的惊悚小说引出，但却关涉相当深广的科学领域和社会层面，读罢令人眼界大开、回味无穷。

作为一位深具远见卓识与人文情怀的智者，戴森常常还抛开职业褊狭与门户之见，在作品中探讨战争与和平、自由与责任、希望与绝望等事关人类前途和命运的伦理问题，时有发人深思之论、促人警醒之语。他相信，在科学进步的同时如果没有伦理的进步，那么科学注定要把巨大的困惑和灾难带给人类。尽管他往往是从自己熟悉的科学角度记述和描绘未来，但他并不主张科学是唯一有权威的声音。他告诫说，科学与宗教一样，其权力也常常被滥用。“只有宗教的呼声与科学的呼声加到一起时，伦理所关心的事情才会超越人类眼前的利益。”

在本书第16篇文章《业余科学家礼赞》中，戴森借他所欣赏的一部著作，向我们展示了业余科学爱好者给现代天文学带来的一种新特色，期望业余科学爱好者能“使用现代科技交到他们手上的新工具，侵入所有的科学门类，并使它们重新焕发出青春活力。”在第29篇文章《从局外看宗教》中，戴森大胆地提出：发动“9·11”袭击的年轻人“不是被洗过脑的僵尸。……如果我们想了解现代世界的恐怖主义现象，如果我们想要采取有效措施，以减小它对带理想主义色彩的年轻人的吸引力，首要的一步就是理解我们的敌人。在能够理解他们之前，我们应该尊重我们的敌人。”

戴森还在其多部作品中“检讨”科学的过失，感慨科学与技术的发展结果难以预料，我们都缺乏高瞻远瞩的智慧来判定哪条路会通向灭亡与沉沦。他甚至坦言，科学应该为一些严重的社会问题乃至罪恶的产生承担责任——这是他的大多数科学家同行不愿意接受的观点，但戴森为人著文思想境界之脱俗、高远，由此可见一斑。

本书译者肖明波，“海归”也，拥有名校普度大学博士学位，自号“瓢饮斋主”，是个不折不扣的书迷，“独有书癖不可医”。他好读书也爱译书，先前已有《经度》《一星一世界》

等译著问世，在科普圈和出版界口碑甚好。

翻译，那真是所谓慢工出细活的“文化苦力”。据我所知，本书译者一直是本着对作者和读者负责的态度，以“考据”般工夫和像写学术论文一样的严谨作风来做这件事情的。有时他为了译好一句引诗，反反复复琢磨，竟然会耗费数个小时，吃够了“带着镣铐跳舞”的苦头。

完美可以追求，遗憾难免会有，但就译事而言，我想本书译者是可以问心无愧的。

佳作配佳译，读者享福矣。

《反叛的科学家》，[美]弗里曼·戴森著，肖明波、杨光松译，浙江大学出版社；《一面多彩的镜子》，[美]弗里曼·戴森著，肖明波、杨光松译，浙江大学出版社；《宇宙波澜》，[美]弗里曼·戴森著，王一操、左立华译，重庆大学出版社；《想象中的世界》，[美]弗里曼·戴森著，庞秀成、刘莉译，吉林人民出版社。

人人都生活在“下游”

桑德拉·斯坦格雷伯

《生活在下游：一位生态学家对癌与环境关系的实地考察》

“不敢奢望有一天我会写下这句话：‘30年前我患了癌症’。”

可这句话确实写下来了。

时光倒流到上世纪70年代末，20岁的桑德拉·斯坦格雷伯，一位有着攻读硕士研究生计划的优秀大学生，被确证患上了膀胱癌。在“有待观察”的煎熬等待中，“世界依旧是这个世界，但我却对它突然感到陌生起来。”

离开医院，斯坦格雷伯径直回到大学宿舍，继续念她的生物学，闲暇时就以写诗自娱。做完手术后，一位年轻的泌尿科医生向她询问了一连串她当时感到颇有些不着边际的问题，比如：你是否在轮胎厂做过工？是否接触过纺织染料？铝制品行业的就业情况怎么样？

带着一脸困惑，斯坦格雷伯去了大学图书馆，没一会工夫就明确了一个事实：膀胱癌是公认且典型与环境有关的癌症。尤其是，与其他类型的癌症相比，暴露于有毒化学物质面前会增大患膀胱癌的风险。她还了解到，虽然诱发膀胱癌的致癌物已为人们所认识，但这些物质仍在商业中照用不误，没有在我们的经济生活中自然而然地被禁止使用。

1981年，斯坦格雷伯进入研究生院，修完文学创作后又攻读野生生物学硕士学位。这期间，她常常还要进行惯例式的癌症检查（后来统计她拢共做了70多次细胞检查）。从各家诊所和医院收集到的有关膀胱癌的小册子里，还有与医护人员的交谈中，她几乎都看不到也听不到“致癌物”或者“环境”这些字眼。似乎，研究人员所列举的关于造成膀胱癌之环境起因的证据，跟病人所听闻的证据之间并没有什么关联。

然而，那位年轻的泌尿科医生有关环境问题的问话，不时在斯坦格雷伯耳畔回荡，蓦然触发了她撰写一本书的念头。相关调研工作从哈佛大学医学院的图书馆开始——她那里做博士后，一直持续到她回返美国中西部的家乡伊利诺伊州。她的探究包括致癌的添加剂在内的有毒化学物质在多大程度上侵入我们的空气、食品、水源和土壤。为此她查阅了许多论述环境与癌症之间关系的研究文献，它们涵盖了从大气科学到神经内分泌学的内容。

自然，她特别考察了自己的家乡环境和自身的病患所在，十分遗憾地发现：虽然她把给她留下了美好回忆的伊利诺伊州视作自己生态理念的源泉，但这里同许多其他州县一样，因工业和农业的巨大变革而出现了意想不到的环境问题。女性膀胱癌发病率在上升，她本人就是这种病症统计史上的一个数据点。

而导致膀胱癌的物质就出现在她家乡的地下蓄水层并流经此处的那条河的沉积物中。此前，已有许多研究论证了膀胱癌与一组被称为芳香胺的合成化学物质之间的关系。

斯坦格雷伯打定主意，创作时要在书中融入环境污染数据和癌症数据这两类信息，并努力找到某种模式，发现可供进一步研究的问题；即便没有完整的答案，也要督促人们采取防范措施——“尽一名生态学家和癌症幸存者之所能，向读者展示如何通过改进环境而预防癌症。”

1997年，《生活在下游——一位生态学家对癌与环境关系的实地考察》一书问世。它首次将美国癌症登记处的各种数据与有毒物质排放的数据相结合，对环境与人类的健康问题进行了深入、细致的探讨。此后，作者以康奈尔大学“乳腺癌与环境风险因素项目组”成员，以及“加利福尼亚州乳腺癌研究项目”顾问的身份，得以在前沿领域观察对癌症的科学研究，进一步加深了对癌症生物学的了解。2010年推出的该书第2版，对环境与人类癌症关系的认识，又上升到了一个新的高度。

例如，作者在书中提出，致癌因素是复杂的。造成癌症的原因是各种变量构成的相互交织的网，其中的任何一个变量都可以改变另外一个变量。简言之，癌症风险因素之间会相互作用，对彼此产生直接或间接的影响。因此，应该把预防原则作为环境决策的主要指导思想（“风险预防原则”正是该书最后一章的主题）。

同时也要改变思维方式。不要把化学物质进入我们的生活环境和身体看做是便捷与进步不可避免的代价。我们可以认定癌症带来了不便，有毒害的污染是原始落后的表现。我们可以把生成致癌物看做是陈旧技术应用的结果。我们可以强烈地要求绿色工程和绿色化学，我们要让我们的工业和农业系统明白它们的布局存在着缺陷……。

“生活在下游”，这个书名别有意味。从某种意义上说，我们每个人都处于生活之中的“下游”。对于“上游”发生的事情，我们常常无从知晓，并且在很大程度上只能被动地接受“附加”给我们的东西，更别说应对和掌控了——如果安于现状，不想有所作为的话。

《生活在下游——一位生态学家对癌与环境关系的实地考察》，[美]桑德拉·斯坦格雷伯著，张树学、淑凤译，北京大学出版社。

听从内心的召唤

珍·古道尔/《希望：拯救濒危动植物的故事》

珍·古道尔老了，角色和身份也变了。

过去，孤寂地穿行于原始森林的她，是一位黑猩猩研究专家、动物行为学家；现在，激奋地奔走于世界各地的她，是一位自然资源保护者、环境学者。

不变的，是一颗珍爱生命、关爱自然的心。

11岁那年，古道尔读了一本书——《生活在丛林中的人猿泰山》，由此迷上黑猩猩并萌生了一个梦想，希望自己未来能够到丛林中与黑猩猩为伴，了解它们的生活和行为，去写关于它们的书。可是，当她向别人说起这个梦想的时候，大家都取笑她，认为这不太实际，也不是女孩儿应该做的事；何况，那时的非洲在人们眼里，是一个遥不可及、布满荆棘的黑暗之地，到处都是凶猛的野兽。

在古道尔的亲友中，只有母亲一直鼓励和支持她追求自己的梦想。母亲说，如果你有自己的梦想，就应该从现在开始努力去实现它，永远不要放弃。她从母亲口中得知，自己刚能够有意识地行动，就喜欢在一些会飞或者可以移动的物体旁边爬行。1岁半时，她从自家花园里捡了一把蚯蚓，带到小床上跟自己睡觉。稍大点儿的时候，有一次她为了说服姨母鲸鱼是哺乳动物而不是鱼，竟跟这位长辈大吵一顿，可姨母就是不相信，最后她居然灰心得哭了。

听从内心的召唤、抓住种种机会，终使没有大学学位、更没有经过专业训练的古道尔从小想研究动物的梦想得到实现。她“扎根”于非洲丛林数十年从事黑猩猩的观察、研究，取得了巨大的成就。她发现了黑猩猩群体中的个体间形形色色的交互关系和生态习性，扭转了许多关于黑猩猩的错误概念；她还发现黑猩猩具有许多与人类相近的行为和智力，能够利用工具和制造工具的能力，从而颠覆了科学界原来对动物与人类区别的定义，成为动物学的一个经典例证。

上个世纪70年代以来，目睹黑猩猩栖息地不断遭受人类的破坏，古道尔曾经困惑过、愤怒过、绝望过，并发出这样的诘问：人类为什么会有那么大的破坏性？为什么那么自私和贪婪？为什么有时还那么邪恶？每每想到这些，我就觉得地球上出现生命并无重要意义可言。如果没有什么意义，那岂不正如纽约一个愤世嫉俗的光头仔所说，人类只是一个“进化的东西”呢？

通过体验和反思，古道尔认识到，我们每个人不仅对自己的生命负有责任，而且应当尊重和热爱我们周围的生命，特别应当相互尊重、相互给以爱心。我们应当同心协力，重建与自然界以及我们身边精神力量的联系。这样我们就可以胜利地、快乐地进入人类进化的最后阶段——精神进化。

这是观念变化之后带来的境界的提升！

在困惑和愤怒中，古道尔又看到了希望，它基于如下四条理由：人类的大脑；大自然的复原力；全世界年轻人身上所具备或者能够唤起的精力和热情；不可战胜的人的精神。

重要的是行动！

古道尔作出决定：把自己的主要精力转移到野生动植物保护的宣传教育上。很快地，由她发起，先后在全球100多个国家成立了珍·古道尔研究会和下属的根与芽小组，组织青年人参与野生动植物保护的宣传和教育工作。如今，古道尔本人每年几乎花掉近300天的时间奔走于世界各地，呼吁人们保护野生动物，保护地球的环境，积极推动世界各国的野生动植物和环境保护事业。“很多人问我，想要通过这个活动来拯救地球吗？不，我并不那样认为。我们没有能力改变整个世界，可是，我们可以努力去改变一个人或一个地方，我想，这就够了。”

在《希望——拯救濒危动植物的故事》一书中，古道尔记录了自己多年来亲身参与保护和拯救濒危动植物的经历及所见所闻。书之首页，她写了一段情真意切的告白：“此书为纪念世界上最后一只旅鸽玛莎、最后一只瓦顿小姐红疣猴和最后一头白鳍豚而作。它们孤单而无奈的结局，激励着我们更努力地工作，防止面临同样命运的其他珍稀动物重蹈覆辙。”而在目录之后，是一个长长的“致谢”，她特别感谢了那些给她讲故事的科学家同行。

其实，经历丰富又勤于思考的古道尔也有很多故事，并且同样很会讲故事。她常常提到这样一件事：有一天早晨，她乘出租车去伦敦希思罗机场，准备去往美国讲学。司机知道她是研究黑猩猩的，就对在动物身上“浪费”很多钱的人展开了批评，其中包括他的在一家动物保护组织工作的妹妹。他说，现在还有那么多的人在受苦受难，有那么多的儿童受到虐待，却还要那么去关心和保护动物，这真让他“感到讨厌”。

古道尔听着，意识到这位司机正是那种不了解情况、让人生气但却需要晓之以理的人，“显然这辆出租车就该我来坐。”于是，古道尔就从黑猩猩开始讲述，告诉他黑猩猩能学会手势语，有些黑猩猩喜欢画画，它们如何感受情感，如何相互关心，甚至互相救援；还讲述了狗和其他动物如何救下自己主人性命的故事。“我说对于处于囚禁状态下的动物，我们是有责任的，因为我们剥夺了它们自我保护的能力。对人类的问题表示关心的人已经有很多了，所以有些人出来关心关心动物自然也是无可非议的。”

可是，古道尔的话像是对牛弹琴，司机依然固执地认为关心动物是浪费时间。下车的时候，古道尔给他两镑小费，让他自己留下一点，其余的钱都给他妹妹用于动物保护工作，尽管古道尔认为他是不会那么干的。

令古道尔大感意外的是，当她讲学归来之后，看到了那位出租车司机的妹妹写来的一封信，信中说：“我哥哥把你的捐款给了我。你真是太好了。最奇怪的是，我的哥哥发生了变化。你究竟是怎么开导他的？他突然对我变得特别好，还问了我许多关于动物的问题。他真的对我的工作感兴趣了。他已经判若两人。你给他做什么工作了？”

这便是古道尔一小时的疲劳讲述所获得的回报。但不是什么人都能悟出这个“道”的。《希望》一书也提到，当盐溪虎甲虫列入美国联邦濒危动物名录，美国联邦政府拨出经费用于拯救这些特殊的虫子和它们的栖息地时，许多人感到吃惊、震撼和迷惑。有人甚至说：“当数百万人还处于流离失所、忍饥挨饿的状态时，用50万美元去拯救一种甲虫，我们应该感到羞耻！”

对于这一“值不值”的问题，古道尔的“粉丝”、《希望》主译、中国科学院动物研究所研究员黄乘明也不是第一次被问到，就此他给出了一个很好的回答：“有一点认识很重要，动物与我们人类共同生存在地球上，他们有权利得到这样的待遇。生态系统中的每一个物种都非常重要，无论是我们人类，还是珍贵的大熊猫，或是不起眼的虫子。一个物种的灭绝可能会造成严重的后续影响。”

应该说，人们之所做，不只是拯救它们。

《希望——拯救濒危动植物的故事》，[英]珍·古道尔著，黄乘明等译，上海科技教育出版社；《黑猩猩在召唤》，[英]珍·古道尔著，刘后一、张锋译，科学出版社；《希望的理由：古道尔的精神之旅》，[英]珍·古道尔、菲利普·伯曼著，祁阿红译，上海译文出版社。

观星、赏星与追星

卞毓麟/《追星：关于天文、历史、艺术与宗教的传奇》

浩翰辽远的星空，神秘莫测的宇宙，自古以来就让人类世世代代为之神往。饱含诗意的作家把星空当做眼睛的食粮，富有人文情怀的科学家则把天文学视为广阔空间的和谐科学。事实上，自罗马帝国衰落以来，天文学可谓是所有古代学科中唯一完整流传下来的分支，它也是联系现代学科与古代学科的最直接的环节。

贤哲有言：看天象、知宇宙，有助于开拓心胸。这对于观察历史和人生直到读文学作品、想哲学问题都有帮助。心中无宇宙，谈人生便很难出离个人经历的圈子，而怎么看宇宙和怎么看人生也是互相关联的。

看啊，日月经天，星辰隐现，四季交替，所有的天文现象既错综复杂，又精巧微妙。人们仰望星空，首先是用肉眼，然后用探求星辰运动规律的精神的内在之眼。古希腊人甚至说，人类直立的姿势之所以是人独有的特征，乃是因为人与四足动物不同，不是向下盯着大地，而是能够举目自由凝视天空。

然而，同是仰望星空，人们却看到不同的世界，生发不同的感悟，得到不同的经验。有的人插上想象的翅膀，附会出活灵活现的神话，然后又在代代相传中演变为种种传奇故事和民间习俗；另一些人则将天体、星辰与人们的日常事务扯上子虚乌有的联系，发展出天宫图、占星术，并以此为政治权力和控制他人服务；还有一些人依据长年的观察经验，总结出与农业、航海等相关的规律；甚至更进一步，通过缜密思考、精确求证，归纳出天体运行所遵循的规律，为构造天文学的宏伟大厦添砖加瓦……

人类的想象和智慧，创造了一个面貌千变万化的“天”！著名天文学家、科普作家卞毓麟所著、荣获2010年度国家科技进步奖二等奖的《追星：关于天文、历史、艺术与宗教的传奇》一书，以天文学发展为主线，在将关于天文、历史、艺术与宗教的传奇娓娓道来之时，向读者描绘出的就是这样的一个“天”。

有时候，《追星》的描述对象或引入话题是星星，但常常又不限于此，而是从星星本身自然而然地延伸到人类追星的历程，并将一代又一代追星人的探索、思考与当时的社会背景融汇其中，由此呈现出了相当鲜明的历史纵深感和十分开阔的多元视角。难能可贵的是，藉此它清晰地呈示了天文学从肉眼观测到望远镜时代再到空间探索这条绵长而壮丽的主线，因而可以说，《追星》引导读者观星、赏星、追星，用得更多的，是一种具有认知力的眼光。

所谓的科普作品，在我们约定俗成的观念中，应该是以传播科学知识为主旨。但是，像《追星》这样的读物，集多学科知识于一身，在让读者获取天文学新知和开阔视野的同时，常常还能够得到人文方面的熏陶和哲学上的启迪，已不能被看做是单纯的天文学读物了。

那么，它是什么?

如今在适合一般社会公众阅读的科普类作品中，有一类常被称为“科学人文”。何谓“科学人文”？打一个也许不甚恰当的比方：就像一个人一样，科学是他的骨架，人文是他的血肉。两者合一，方为一体，也才有灵气。卞毓麟曾说过，他相信科学和人文本来就是融合的，这也正是科学之美的所在。世界缺少的不是精彩，而是发现精彩和描述精彩。正如苏联著名科普作家伊林所言：“没有枯燥的科学，只有乏味的叙述。”

我在创作《幻想：探索未知世界的奇妙旅程》（此书与《追星》属同一系列，几乎同时出版）时也已注意到，我们从课本里了解到的科学上的发现和成就，大多被滤去了过程，可隐含在那些成就背后的种种天马行空式的幻想、假说和臆测，乃至在探索中出现的谬误、歧路和交锋，并非没有认识上的价值，我们至少不能“埋没”掉它们在激发人类的活力和创造力方面的贡献。

因此，《幻想》与《追星》都在做这样一个尝试，就是“回到”过去，尽力去展现一个丰富多彩的发现过程，包括失误和挫折；作者在创作中也力图对科学发展的历程作一些人文思考，而不是简单地将一个个知识硬块抛给读者。

《追星》第3章《近代天文学的曙光》在谈到开普勒与第谷

之间那种奇怪的“合作”关系时，有两段十分精辟、传神的叙述与评论：

开普勒对第谷颇寄厚望。可是，他在第谷那里的所见所闻，却与始料相距甚远。第谷对开普勒颇有戒心，生怕自己请来的助手最后成了一场重大科学竞赛的对手。他不甘心痛痛快快地把毕生辛劳所得的精华奉送他人，所以只是零敲碎打地今天说出某个行星的远地点数据，明天又提到另一颗行星的交点坐标。

两个人都预感到前面会有更丰硕的成果，但是他们都无法独自取得。因此，他们继续步履艰难地互相配合。意味深长的是，这种并不十分和谐的合作却成了体现近代科学精神——观测与理论的对证和交融——的最早范例。

这两段叙述与评论传递给读者的重要信息和意蕴，不言自明。

品读《追星》，不时会有一种很强的画面感，此乃书中贯穿之历史和中西观照使然。卞毓麟认为，这非常有利于读者理解科学思想的发展，领悟科学精神之真谛，还有助于人们高屋建瓴地领悟科学的作用。《追星》第三章有一节“交相辉映的文化巨人”是这样开篇的：

“哥白尼诞生的1473年，我国的明朝刚建立105年。伽利略去世的1642年，是崇祯皇帝在煤山自尽之前2年。也就是说，这一个半世纪有余的时段，相当于明代的中期和后期。在此期间，中国当然也有杰出的人物和事迹，但是郭守敬那样的辉煌已成过去，中国再也没能出现有资格雄视世界的科学家。”

2009年的那个夏天，我与卞毓麟身处异地仰观日食之时，曾在电话里做过探讨：为什么中小学里不设天文课？他认为，如果在十几年“漫长的”中小学时代，能够有那么一个学期，每周有一小时天文选修课，那对于帮助孩子们更好地认识世界、增进对当代科学主要方面的完整了解，必将大有裨益。目前，对人类探索宇宙的历程所言极微，恰是教育方面的一种缺失。他说：“我深信，如果真有这样的课程，自己一定能够以最精炼又最有趣的方式来讲授。”

如此自信、高昂的话语，从一向谦逊、低调的卞毓麟口中道出，乍一听似乎有点儿不对茬，但细想又颇为“合理”：这个观星、赏星、追星之人，他心中的星空和宇宙何其大也！

《追星：关于天文、历史、艺术与宗教的传奇》，卞毓麟著，湖北科学技术出版社；《巨匠利器：卞毓麟天文选说》，卞毓麟著，科学普及出版社；《恬淡悠阅:卞毓麟书事选录》，卞毓麟著，科学普及出版社。

当烟雾成为“杀手”

德拉·戴维斯/《浓烟似水：环境骗局与环保斗争的故事》

2013年新年伊始，我国中东部地区持续出现雾霾天气，33个城市空气严重污染。新华社报道称，其“范围之大，污染之重，持续时间之长，多年罕见。”在不少居民身上，还呈现出“嗓子发痒，眼睛疼，耳膜疼，头疼……”等“雾霾症状”。专家认定，此次大范围雾霾天气的重要特征是区域性污染，一地很难独善其身。

1月22日，刚“晴朗”几天的北京城又一次大雾弥漫，大街上、地铁里随处可见戴口罩的人。傍晚时分，接孩儿他妈短信问讯“被锁在哪儿啦”？我以打油诗回复：“出了芍药居，大雾眼迷离。久等车不来，你急我更急。”

“‘毒雾’面前我们都应该反省。”已有媒体这样告诫人们。我的反省方式之一，就是翻阅几年前买了但一直没顾上细读的一本书——《浓烟似水：环境骗局与环保斗争的故事》。这部可以当作报告文学或纪实小说来读的著作，意在阐释现代工业空气污染对环境和公共卫生所产生的影响。该书出版不久即赢得2003年度美国国家图书奖非小说类大奖，其作者是德拉·戴维斯，一位曾经的治疗乳腺癌和慢性病的科学家，如今全球知名的公共卫生专家和环保斗士。

诚如书之标题所言明，它讲的是与环保相关的“斗争”故事。可想而知，这些故事固然“动人”，但却不无悲情。作者以自己家族亲历的旧闻逸事开篇，描述了一个个纠结于谋生与污染之中的家庭阴影和种种无奈。在戴维斯的家乡、宾夕法尼亚州的多诺拉，一个凭借金属制造业和钢铁工业迅速发展起来的小镇，鼓风炉、焦炉、煤炉和锌炉排放的烟气经常被周围的山峦困在山谷之中。它们既带来了令人惊异的美丽日落，也造就了大批的不毛之地。可当时并没有人寻思，这一切究竟意味着什么？

1948年10月26日早晨，烟雾封锁了多诺拉。起初，汽车和卡车还可以打亮前灯缓缓而行，但过了正午后，驾驶员再也看不清街道的情况，交通陷入瘫痪。两天以后，烟雾变得黏稠起来，成了静滞的黏结体，空气中开始出现令人作呕的味道。接着，小镇上许多人得病和倒下。那些因环境而遭殃的人，甚至很少知道他们为什么会送命。当烟雾于该月31日消退时，当地殡仪馆的棺材已然脱销。

尽管这场致命的烟雾后来催生了一个主要研究人体暴露于污染空气之影响的全新学科，但导致多诺拉灾难的致命物的来源当时却没有得到确认。有人归罪于突然恶化的天气，声称这“只是一次性的大气偶然事件”；还有人把缺乏空气污染造成伤害的确定性证据，用以证明当地空气的安全性。由是，重要的问题没有被触及，有助于推断真相的关键信息却被掩盖了。甚至，当10年之后小镇的死亡率仍远远高于周围城镇的死亡率时，也没有人试图把这些死亡与烟雾或经常提到的空气质量联系起来。不过，这场灾难的一个遗产是，它（多年以后）促成了联邦空气洁净法令的出台。

在多诺拉灾难爆发4年之后出现的伦敦烟雾事件，终使“奇怪的反常天气”在一定程度上摆脱了替罪羊的角色。这一举世瞩目的“壮观景象”发生在1952年12月初，其灾难性后果让人无法忽视：一周之内就死了4703人，而前一年伦敦同一时期的死亡人数是1852人。一开始，政府官员不愿承认这么多人突然倒毙只是因为呼吸了肮脏的空气，还有人将其归咎于所谓的异常流感。当时，倒是公众比政府更早地认识到了这一点。多年以后，戴维斯亲身参与了对伦敦烟雾事件污染程度与发病率关系的调查、评估工作，对此有了更深的感受和认知。

《浓烟似水》还以细腻、精致的笔触，讲述了低浓度污染物与慢性健康问题的联系，如何最终成了迫使美国工业发生重大改变的理由。令人震惊的是如下这些事实：不得不过了许多年才采取行动；重复发生了多少同样严重的后果；一些污染行业人士在反对接受事实上是多么的冥顽不化、厚颜无耻；收买专家以拖延和阻碍能够推进治理行动的重要研究是多么容易；在采取必要的行动之前有多少人因此患病和死去。由于时有经济势力扮演幕后黑手，多年之后，才出现治理机动车排放的法规。

研究现代艺术的人士尝言：正是雾蒙蒙的混沌激发了印象

派画家克劳德·莫奈的艺术灵感，使得他画出了100多幅别具风格、意味的描绘伦敦风景的作品。据说莫奈偏爱暗色城市变幻莫测的色彩，而不是乡间常见的阳光灿烂。他似乎是带着一种欣喜的心情，去欣赏雾中伦敦：

“各种各样的雾……黑色的、褐色的、黄色的、绿色的和紫色的雾，绘画的乐趣在于抓住透过这些大雾的所见所得。我通过老练的眼睛发现，与其他大气中的景象相比，在伦敦的雾中，物体的外表变化更大更快，难就难在如何抓住每个变化，并体现到画布上去。”

近年来有气象学家注意到，这位印象派鼻祖的画作中还藏有宝贵的时代信息：“弥漫”其上的彩色雾气，因被当作研究维多利亚时期伦敦空气状况的一个重要依据而大放异彩！这正好弥补了当时科学观测条件不足，没有留下数据记录，导致无法确知雾之成分的遗憾。

然而，坦率地说，我可不愿意我所生活的城市、我们可爱的首都北京，过后多少年也给世人留下类似这样的“佳话”。

《浓烟似水：环境骗局与环保斗争的故事》，[美]德拉·戴维斯著，吴晓东、翁端译，清华大学出版社；《大雾霾：中世纪以来的伦敦空气污染史》，[澳]彼得·布林布尔科姆著，启蒙编译所译，上海社会科学院出版社；《发明污染：工业革命以来的煤、烟与文化》，[美]彼德·索尔谢姆著，启蒙编译所译，上海社会科学院出版社。

阐释“科学的诗意”

理查德·道金斯/《解析彩虹：科学、虚妄和玄妙的诱惑》

这是一次不同寻常的聚会。它之所以引发后世关注，只因有那么几位英国文学界的名流，如此集中而又直率地道出了他们对科学的看法，抑或说敌意。

时间定格于1817年12月28日，地点是英国画家、评论家本杰明·海顿位于伦敦的书斋。那一天，主人在把诗人约翰·济慈介绍给另一位诗人威廉·华兹华斯、散文家和评论家查尔斯·兰姆等人后，拿出了自己的新作向客人展示。画面表现的是正待进入耶路撒冷的耶稣，他身旁站着其信徒牛顿及怀疑论者伏尔泰。

“你不该画牛顿！”略有醉意的兰姆责备海顿说，“这家伙是个除了三棱镜以外什么都不相信的人。”济慈同意兰姆的看法，称牛顿把彩虹所有的诗意都破坏了，彩虹在其眼里只不过是光谱的排列而已，所以他在碰杯时提议：“让牛顿见鬼去吧”。

“要抵制牛顿是不可能的！”海顿答道，“我们还得为牛顿的健康干杯，让数学见鬼去吧。”

此次聚会之后的第3年，济慈在他的长篇诗歌《拉米亚》中写下了这样的诗句：“在接触冰冷的哲学的瞬间，/世上所有的魅力，/难道还会不消失吗？/天空中曾有一道令人敬畏的彩虹，/我们知道了它的质地、它的纹理，/它的出现反衬出每天的单调和无味。/哲学夹住了天使的翅膀，/用规则和线条约束所有的奥秘，/使萦绕天际的美丽和蕴藏的珍宝失色，/使美丽的彩虹分崩离析……”

又过了将近180年，以《自私的基因》一书而蜚声世界的牛津大学教授理查德·道金斯，应邀在剑桥大学基督学院做1997年斯诺演讲时，第一次公开采用了“解析彩虹”这个标题，并引述他的同胞济慈那些对牛顿大不敬的言辞批驳之，借以表明自己的观点。在此前后，道金斯还做了一次题为“科学、虚妄和玄妙的诱惑”的演讲，为电台和电视台制作了几档科学节目。在上述科普活动的基础上，英国企鹅出版社于1998年推出了道金斯力作《解析彩虹——科学、虚妄和玄妙的诱惑》。

在该书自序中，道金斯坦陈：我们的生活被各种更贴近实际的、更温暖的因素，以及人们的期望和感知所主宰。那些谴责科学把生活中最温馨、最有价值的东西剥夺了的想法，是不可思议的荒唐。大多数辛勤工作的科学家和他本人的切身感受，都不能接受这样的谴责。他说，他简直被这样荒谬的误解搞得几乎绝望，也不愿看到人们被各种歪理邪说所误导。

作为其主动回应的一个结果，道金斯写作此书就是要呼吁人们理解科学的奇妙，让人们知道：“科学给人们提供的深奥，是人们的心理能够承受的最高体验之一。这跟音乐、诗歌所能传递的极致的美一样，是最深刻的美感。”他分析济慈“不敬言辞”更普遍、更含蓄的意思是，科学不具备诗歌般的欢乐，干枯冰冷，没有活泼的气息，对一个年轻浪漫的诗人而言，实在是太沉重、太缺乏想象力了。

道金斯丝毫也不认同济慈的言下之意，乃至发出疑问：是否对理性的偏见压抑了诗歌飞翔的翅膀？他决心通过撰写《解析彩虹》一书，宣扬与济慈相对立的观点。此书的主题是探索奥秘，作者深信探明奥秘并不会失去诗意，相反，探明的结果更令人着迷也更加美丽。无论如何，当你解决一个奥秘之后，又会在其背后发现还有更多的奥秘，从而激起更丰富的诗歌灵感。甚至，“如果把科学的观点回馈给诗人，将会激发更伟大的诗篇。”

当然，深具科学情怀的道金斯决非只是纯粹跟其文学前辈“较劲”。身为牛津大学“公众理解科学”讲座教授的他推出此书，亦有十分强烈的现实针对性。书中他列举多个实例，表达了他的某种担心：最近几十年来，由于电视、报纸等权威性媒体的煽动，占星术、特异功能和外星人来访已经轻而易举地侵染到公众的潜意识当中。这种倾向恰好暴露出我们本性中喜欢稀奇古怪事情的一面。可事后发现，很多飞碟事件和类人怪物，都是简单、拙劣的骗局，甚至可以说是几个世纪前的魔鬼和巫婆的最新版本；而各种各样欺骗性或梦呓般的解释，也太多太多了。书中以“虚幻的蒙骗”和“玄妙的解析”为标题的章节，就是专为受到迷信诱惑的人们写的。

书中同样也有诸多实例，探讨了涉及物理学、生物学、遗传学、脑科学等多个学科领域的有趣话题。作者也欲借此表明并“安慰”自己：科学本身就有不少值得骄傲的地方，真正的科学可以极大地满足我们喜欢探索奥秘的心理，我们完全可以用教育的方法同迷信作斗争。

这样看来，道金斯所做，无异于是在阐释“科学的诗意”。

《解析彩虹——科学、虚妄和玄妙的诱惑》，[英]理查德·道金斯著，张冠增、孙章译，上海科学技术出版社；《自然的魔法》，[英]理查德·道金斯著，李泳译，湖南科学技术出版社；《科学是魔法吗》，[英]布莱恩·里德雷著，李斌、张卜天译，广西师范大学出版社；《不要害怕科学——理性与非理性》，[法]卡特琳娜·布雷希涅克著，顾嘉琛、杜小真译，科学出版社；《怪诞现象学——21世纪科学防骗指南》，[美]小西奥多·席克、刘易斯·沃恩著，张志敏、武晓蓓译，武宏志校，世界图书出版公司；《魔法时刻——超自然现象的科学解释》，[法]乔治·夏尔帕克、亨利·布洛什著，唐珍译，浙江人民出版社；《科学离我们有多远》，[美]克里斯·穆尼、雪莉·柯申鲍姆著，高天羽译，湖南科学技术出版社。

探寻盲信怪诞事物的动机

迈克尔·舍默/《人们为什么相信一些稀奇古怪的东西》

迈克尔·舍默称自己“天生一副爱追根究底的脾气”，打小就对各种神奇事物感兴趣。按说他应该很自然地就跟科学“对接”上了，然而，上个世纪70年代早期念中学时的他，却是一名虔诚的新教教徒；又因为立志要成为大学教授，一所大学很牛的神学院成了他升学的首选。

可是舍默旋即发现，要想拿到神学博士学位，必须掌握4门“死掉了的语言”，而且神学家在学术界的就业市场上前景堪忧。于是，他打了退堂鼓，改学心理学。几年后，当他到加利福尼亚州立大学富尔顿分校攻读实验心理学和动物行为学研究生时，已然放弃了自己的宗教信仰，转而投入到启蒙主义的世俗价值观、科学的严谨方法和暂时性真理的怀抱。

及至1991年，在从克莱蒙特研究大学拿到历史学博士学位后，舍默似乎才真正对科学问题发生了兴趣，对伪科学和非真理性给人类文化带来的日益严峻的认识威胁尤为关注。这一转变，与他参加自行车赛事时的一段经历大有关联。当时，他已从为增进骑车技能、提高运动水平而采取的种种措施及“疗法”中，悟出了怪异与荒唐。当他确认自己被“忽悠”之后，即成为一个怀疑论者。1992年，他与妻子金姆、艺术家帕特·林斯一起创办了“怀疑论者联盟”和《怀疑》杂志（Skeptic），并在加州理工学院举办了公众科学系列讲演。

舍默为怀疑论者联盟确定了一个座右铭，它来自荷兰哲学家巴鲁赫·斯宾诺莎1667年临终前所写的《政治论》中的一句话。在这篇论文中，斯宾诺莎解释了自己在研究政治和经济等充满情绪的课题时所采用的方法。其中写道：“我万般小心，对于人类的行为，我不嘲笑、不悲叹、不谴责，只尝试去理解。” 舍默把这句话称为“斯宾诺莎格言”，并表示：“在涉及注入科学、宗教、道德等饱含情绪的话题时，它是我追求达到的标准，并贯穿了我的信仰三部曲：《人们为什么相信一些稀奇古怪的东西》《我们何以信》《善与恶的科学》。”

由于受过心理学和科学历史的熏陶，舍默不仅喜欢对所拥有的资料进行调查研究，更喜欢在收集诠释资料的过程中探索人们的动机和偏见。近30年来，他一直试图用科学来解决一些争议性论题，如进化论与创世论、智商与运动的人种差异、替代性和补充性医学、通灵的力量、超感官的知觉、遭遇外星人事件、古代与现代的巫术热、对大屠杀的否认、各种阴谋论，以及科学与伪科学的区别、人的思维方式如何出错，等等。他把自己对上述议题的见解和亲临“现场”与各色人等交锋的经历，都写进了1997年出版的《人们为什么相信一些稀奇古怪的东西》一书中。

舍默认为，人是一种喜欢用某种模式去理解世界的动物，并且总是要在一个错综复杂、怪诞陆离、变化不定的世界中寻求生存的意义。今天，人们依然相信稀奇古怪的东西的原因之一是，现代科学的思维方法只有几百年的历史，而人类已经存在几十万年了。整个世界的面貌已大为改观，大脑怎样才能应付这个世界中出现的新问题呢?

在书中，舍默具体地从3个层面分析了人们之所以会相信一些怪诞事物的原因：其一，因为心中萌生了恒久不衰的希望；其二，在一般情况下，人的思维会走岔路；其三，在特殊场合中，人的思维也会偏离正轨。在他看来，那些荒谬的玩意通常能使人们的欲望得到即刻的满足，很多稀奇古怪的东西都有这种功效。这其中的千差万别，完全在于不同的思维方式。

舍默还从另一个视角做了审视：对大多数人来说，在对一个浩瀚无际的宇宙进行描述的过程中，科学所能提供的只是冷酷残忍的逻辑。而伪科学、迷信、神话、魔术和宗教却能使人们瞬间就可感受到道德标准和价值观念的安慰力量，因为它们所提供的解释简单、直接、深入人心。“我自己也是在经历了种种稀奇古怪的东西后才成为怀疑论者的。实际上，我是一个再生的怀疑论者。”

在舍默的定义里，怀疑论者是指那些能用证据来证明某种观点正确与否的人；或者说，怀疑论者是那些追求真理的人，那些尚未得到肯定信念的探索者。调查和批驳虚假的观点是怀疑论者的主要任务。显然，出于规避一些人将“怀疑论”与“吹毛求疵”或“虚无主义”相提并论、将怀疑论者视同于具有怀疑癖好之人的考虑，舍默在该书中文版序中又强调：“我们不是对所有的东西都持怀疑态度，而只是怀疑某些东西，尤其是那些缺乏证据和逻辑的东西。”怀疑论者要“保持开放的思想态度”，找到某种“平衡”。

《人们为什么相信一些稀奇古怪的东西》，[美]迈克尔·舍默著，卢明君译，林磊校，湖南教育出版社；《外星人长得像人吗？——怀疑论对科学的揭秘》，[美]迈克尔·舍默著，《环球科学》杂志社、外研社科学出版工作室编，外语教学与研究出版社；《当经济学遇上生物学和心理学》，[美]迈克尔·舍默著，闾佳译，中国人民大学出版社。

科学是最好的解毒剂

卡尔·萨根/《魔鬼出没的世界》

卡尔·萨根完全没想到，华盛顿联合车站的一位搬运工居然也认得他。一天，就在他正掏钱准备付小费的时候，这位搬运工摆了摆手，恳切地说道："萨根博士，把钱收起来吧。你将宇宙给了我，现在让我为你做点什么吧。"

这是萨根之妻安·德鲁扬在1994年讲述的一个小故事。令人扼腕痛惜的是，仅仅两年之后卡尔·萨根便撒手人寰——怀着对科学和科普事业的无限眷恋，怀着对迷信与伪科学的深恶痛绝，怀着对"地外文明"探索的殷切期待，这位独一无二的"科学传教士"走了。今天，捧读他倾其一生积累和苦思所得而撰写的最后一部书——《魔鬼出没的世界》，"听"他娓娓讲述自己"对科学终生的爱情故事"，以及几十年来他本人对种种流行的迷信与伪科学所作的剖析、斗争和思考，更增加了我对这位科学家的了解和敬重，同时也得到了许多有益的启示。

思考一：人类理解和认知能力的不完善，常常使得我们极易被欺骗乃至操纵。当我们的怀疑与探究意识普遍淡薄时，我们便在不知不觉中滑入了迷信与伪科学的泥沼。

人类已经迈入21世纪，科学已经创造了我们过去想都不敢想的诸多奇迹。然而，与此相伴的是，迷信和伪科学至今仍大有市场。它扰乱了人们的意识和思想，使人们感到惶惑、迷惘……科学还不像许多人想象和期望的那样，已经成为可以驱除黑暗的太阳或者其他明亮的东西。科学在伪科学泛滥、迷信以及其他因素的影响下，仅仅是一支随时都可以被吹灭的蜡烛。

在《魔鬼出没的世界》（其副题是“科学，照亮黑暗的蜡烛”）一书第二章“科学与希望”中，萨根不无忧虑地写道：无知，特别是对自己本身的无知，有更多的可能性造成不可避免的人类苦难。在这个千年即将结束之际，伪科学和迷信似乎越来越具诱惑力，非理性的海妖的歌声更加悦耳迷人……我担心，长期以来我们的思维习惯会控制我们的一切。

究竟是什么原因导致了这样的结果呢？萨根认为，根子在于人类理解和认知能力的不完善。奇妙的不可思议的事情对人们的诱惑，往往减弱或取代了人们的批判性思考；人们对于任何能够减少恐惧、带来希望的解释都是欣然接受的。尤其是当人们感到孤单和发生信仰饥渴时，特别容易轻信、盲从、受愚弄。

萨根举例说，所有的不明飞行物（UFO）事件其实都是人们传说的奇闻轶事，是人们自认为存在的东西。各种不同的观察结果表明，它们并非来自共同的原始目标。这些证据大多数是由于轻信、欺骗、幻想、对自然界缺乏了解所形成的。然而却仍有人声称：“没有被证明的错误的东西必定是正确的，反之亦然。”例如，因为没有强有力的证据可以证明不明飞行物

（UFO）没有来访问过地球，所以不明飞行物（UFO）是存在的，所以宇宙中另一个地方存在着智慧生物。这显然是一种不合逻辑的“歪理”。

因此，完整全面的科学提出的要求是，所有的公民在日常生活中都能运用普遍水平的怀疑主义精神。但令萨根感慨的是，怀疑的工具对我们社会的公民来说，经常普遍丧失其效力；我们的政治、经济、宣传和宗教都被淹没在轻易相信、盲目服从的汪洋大海之中。有时，我们甚至会倾向于抛弃有力的证据而拒绝承认已犯的错误：“揭露真相”毕竟剥夺了许多人对奇异事件想入非非的乐趣，更切断了有意造假或蒙骗者的财源。这一切，难道不应该引起我们反思吗？

思考二：科学与非科学、伪科学的界线有时并不分明，因此需要谨慎地对待，保持一种创造性与怀疑论之间的张力：既不让伪科学戴上"科学"的假面具欺骗人，又不能把处于萌芽状态的新科学思想扼杀。

萨根指出，科学与伪科学之间最显著的差别或许在于：与伪科学相比，科学对人类的不完善性和犯错误的不可避免性，具有深刻得多的认识。科学不仅仅是一个知识体系，它还是一种思维方式。科学方法告诉我们，无论对何事何物进行推论，都必须掌握证据。在论证一个重要问题的时候，证据必须缜密严谨、无懈可击。我们越想探究真相，就越要审慎小心。

在科学领域中，我们可以从实验结果、数据、观察、测量和事实出发。或许我们可以构造出不止一种假说，得出许许多多可能的解释。如果想要解释某个东西，就要尽可能地考虑各种不同的解释；然后，找出一批检验方法，用来系统地求证每一种可能的解释。而伪科学正好相反。它们通常的结论是以不充足的证据为基础的，它们对导致其他可能性的线索或解释不屑一顾。

思考三：科学激发了人们探求神秘的好奇心，但伪科学也有同样的作用。很少的和落后的科普所放弃的发展空间，很快就会被伪科学所占领。而科学是伪科学最好的解毒剂。避免邪说泛滥的最好办法，就是向人民大众普及科学文化知识。

如果科学是一种封闭的教士职业，对普通人来说既难以理解，又显得很神秘，那么，邪说泛滥的危险就会增大；如果科学成了大众都感兴趣和普遍关心的课题，那么我们就能增加对世界真实面貌的认识，增加改造世界和改进我们自己前景的信心，也就能够在谋取我们自身的幸福中占据有力的地位。因此，萨根认为，避免邪说泛滥的最好办法，就是向人民大众普及科学文化知识。广大公众对科学的理解是抵制迷信、防止执拗偏狭思维方式的有效手段，并将会起到"最终战胜愚昧"的作用。

萨根坦言，他之所以不遗余力地向每一位公民传达科学，有四条主要理由：科学可以成为发展中国家摆脱贫穷落后的金光大道；科学使我们对我们赖以生存的全球环境保持警觉；科学使我们懂得关于物种、生命、星球和宇宙等的起源、本性和命运；科学是反对神秘主义、反对迷信的堡垒。

萨根似乎从未表白过，自己作为一名科学家，有着怎样的一种社会责任感——其实无需表白，人们也都会牢牢记住“卡尔·萨根”这个名字，并且对他怀着深深的敬意。

《魔鬼出没的世界》，[美]卡尔·萨根著，李大光译，海南出版社；《布鲁卡的脑》，[美]卡尔·萨根著，张世满、邓生龙、胡玉堃、马灏译，孙正凡审校，人民邮电出版社。

我的研究领域是地球

莱斯特·布朗/《生态经济：有利于地球的经济构想》

莱斯特·布朗在中国名气不小。1995年，身为美国世界观察研究所所长的他，频频对中国粮食问题发表评论，并抛出了一份令世界和中国瞩目的报告："2030年：谁来养活中国？"这个诘问旋即引发了许多争议和讨论。

2002年5月15日，这位著名学者由东京飞抵北京，开始了他的第4次访华之行。第2天上午，布朗学术报告会暨其新作《生态经济：有利于地球的经济构想》中文版首发式隆重举行。中午，在品尝过香喷喷的北京烤鸭之后，"几乎没有空闲时间"的布朗先生"破例"接受邀请，到颐和园去转转。我受邀与之同游，间或聊起了他的学者生活以及生态经济方面的一些话题。

布朗生于1934年。在中学和大学时期，他曾经从事西红柿种植业，按我国的习惯，可以说是"农民出身"。他在大学里念的是农业科学，后来又在马里兰大学和哈佛大学获得农业经济和公共管理硕士学位。他一度曾经就职于美国农业部国际农业局，做过部长的国际农业政策顾问。1974年，他创办了从事全球环境问题分析的世界观察研究所，并率先提出了环境上可持续发展的概念，并用于他所架构的生态经济。

“我的研究领域是地球。”他不无自得地对我说，他对世界的主要贡献，是创建了世界观察研究所，系统地研究世界环境问题，从而让各国人民对环境问题有了清楚的认识，并意识到各国间需要进行广泛的合作。而《生态经济：有利于地球的经济构想》一书的主译林自新，则称布朗是“保护地球生态系统的社会活动家”。

下午三点半，我们漫步在十七孔桥上。布朗对桥栏杆上头那些栩栩如生的石雕小狮很是欣赏。“我好象又听到了狮子的吼叫声。”他说，“我在华盛顿的住处离动物园很近，每天都能听到狮子吼叫。那真是一种享受，我很喜欢。”他还告诉我，就在前天（5月14日）早晨，大约六点来钟的时候，他在东京皇宫附近跑步，听到公鸡的叫鸣声，内心也涌起了一种美妙的感觉。我们说着话的当口，前边有一个小伙子正在给他的女友拍照。平时给人印象是面容冷峻、不苟言笑布朗先生突然大声喊道：“smile”（“笑一笑”），把大家吓了一跳。

“我的生活很简单。我没有汽车，每天是骑自行车或步行上下班，因此我不需要很多的钱。”布朗说，年轻时他喜欢摔跤和打橄榄球这样一些“有撞击的运动”，迄今仍然坚持每周长跑40公里，所以身材一直很“苗条”。

布朗以世界观察研究所的创办者和前任所长而闻名。2001年5月,他又创办地球政策研究所并担任所长。同年11月，他出版了《生态经济》一书。“我写这本书的目的，就是要勾画出生态经济的远景。现在的问题是：经济学家把环境看做经济的一个子系统，而生态学家则与之相反，把经济看做环境的一个子系统。我认为，一个能维系环境永续不衰的经济——生态经济，要求经济政策的形成，要以生态原理建立的框架为基础。”

布朗告诉我，他写《生态经济：有利于地球的经济构想》历时一年，但相关研究工作早在上个世纪70年代初就开始了。令他深感忧虑的是，经济与地球生态系统之间的关系正变得日益紧张，造成了不断增加的经济损失。有朝一日，它很可能会压倒世界范围的发展力量，导致经济的衰落。而我们这一代人所面临的挑战，就是要在环境退化导致长期经济衰落（如许多早期文明那样）之前扭转这些趋势。

经济与地球自然系统冲突的迹像，在每天的新闻报道中比比皆是：渔场衰落，森林缩小，土壤侵蚀，牧场退化，沙漠扩大，二氧化碳水平上升，地下水水位下降，气温升高，破坏性风暴增多，冰川融化，海平面升高，珊瑚礁死亡，以及物种消失。这些趋势，标志着这些日益明显的趋势显示，如果子系统经济的运作，不能与大系统——地球的生态系统相互协调，势必两败俱伤。相对于生态系统，经济规模发展得越大，施加给地球自然极限的压力越多，这种不和谐造成的破坏就越严重。

车中小憩，我向布朗出示前些年里中国报刊就粮食问题跟他“论战”的一些报道，引起了他的极大兴趣。陪同他来访的美国北达科他州州立大学教授、环境工程博士林卫，将文章标题一一念了出来。他听后淡淡一笑，说：“我知道，粮食问题在中国很敏感，我的观点在中国有很多负面的评价。其实，我只是将我个人的分析和看法直言相告，而绝没有别的用意。”

谈及对布朗的个人印象，林自新感触最深的是他对环保身体力行、生活俭朴。“我到过他的公寓，他的居室只有两室一厅。他还专门带我去看了他那堆放旧报纸准备回收利用的‘仓库’。而他送我的十几本著作，除了1981年出版的一本外，每本书上都标明用的是再生纸。他没买汽车，至今仍是步行或骑自行车上下班。”

林自新说，布朗对中国是友好的、关心的。他高度评价我国在计划生育、发展经济、提高人民生活水平和改善生态环境方面的决策和成就，同时十分关心我国面临的耕地缩小、地下水水位下降、沙尘暴增加等生态方面的挑战。他常谈到，管理我国这样一个人口众多而自然资源相对不足的国家，难度的确很大。但他对我国寄予厚望，希望我国能在可持续发展方面创造出更多可供全球效法的模式；他认为只有中国有了美好的前景，全球也才会有美好的前景。

翻译布朗著作《生态经济：有利于地球的经济构想》，林自新对他的这位老朋友又多了一些认识和了解。在书中，布朗承认他们正在输掉拯救地球的战争。他谈到，世界观察研究所成立之时，他们担忧的是森林缩小、沙漠扩大、土壤侵蚀、牧场退化和物种消失；可现在令他们担忧的事情变得更多了。这包括二氧化碳水平上升、地下水位下降、气温升高、河流干涸、同温层的臭氧耗减、破坏性的风暴增多、冰川融化、海平面升高和珊瑚礁消失。在过去约四分之一世纪里，很多战役是打赢了。但是，为了扼制地球上环境的恶化，需要做的事和正在做的事之间的差距还在继续扩大。

布朗称，在他所了解的人当中，没有人能胜任撰写有这种视野的书，他自己无疑也不能胜任，只是总得有人试一试，于是他就站出来了。但他强调该书并不是最后的定论。书中提出的经济必须隶属于生态、全球性生态指标日趋恶化、环境革命迫在眉睫、西方经济模式行不通，以及对新经济的构想和必须采取的经济手段（如价格需要包含生态成本、政府需要调整税收和财政补贴政策，等等），都是重大的问题。只有通过广泛的议论，甚至争论，集思广益，才能形成更切合实际的共识，才能产生有足够力度的行动。

《生态经济》全书共12章，注释却多达713条，这表明此书既有布朗个人的研究成果，也吸收了众多组织机构、自然科学家和社会科学家以及许多记者的贡献，甚至于与个人的谈话地点和时间也都记录在案，使读者有据可查。

晚饭时，布朗拿筷子的形象受到大家的嘲笑。我问是否可以给他拍几张就餐时的“洋相”，他狡黠地笑了笑，说：“可以。我还有个建议，照片发表时标题就叫《谁来养活布朗？》，怎么样？”众皆大笑。他又自言自语道：“其实是我自己养活自己。”这时坐在我身边的国务院发展研究中心的一位学者再次提醒我：“多吃点儿，别剩下菜，布朗先生可是个环保主义者。”

话别时，布朗特意嘱咐我：“发表文章时可别忘了告诉读者我们研究所的网址（www.earth-policy.org），《生态经济：有利于地球的经济构想》一书是可以从上边免费下载的”。

《生态经济：有利于地球的经济构想》，[美]莱斯特·布朗著，林自新、戢守志等译，东方出版社；《B模式4.0：起来，拯救文明》，[美]莱斯特·R·布朗著，林自新、胡晓梅、李康民译，暴永宁校，上海科技教育出版社；《开辟新天地——布朗自传》，[美]莱斯特·R·布朗著，林自新、胡晓梅、李康民译，上海科技教育出版社。

科普巨匠的科学随笔

艾萨克·阿西莫夫/《不羁的思绪：阿西莫夫谈世事》

1992年4月6日清晨，一颗不平凡的大脑，在大洋彼岸永远地停止了思考。全世界失去了有史以来著述最丰的作家之一、美国科普巨匠和科幻小说大师——艾萨克·阿西莫夫。

“我们永远也无法知晓，究竟有多少第一线的科学家由于读了阿西莫夫的某一本书，某一篇文章，或某一个小故事而触发了灵感；也无法知晓有多少普通的公民因为同样的原因而对科学事业寄予深情。”美国著名天文学家兼科普作家卡尔·萨根在悼念阿西莫夫时这样写道，“我……担心我们身旁再也没有阿西莫夫激励年轻人奋发学习和投身科学了。”

阿西莫夫创造了奇迹，他的一生也是一个传奇。在中国，至少有一两代人享受过阿西莫夫的科学恩惠，只要对科普稍有了解，对阿西莫夫就不会感到太陌生。——他是20世纪70年代以后，最为中国读者所熟悉和热爱的外国科普作家。30多年前，当阿西莫夫作品由林自新先生等率先翻译介绍过来的时候，正值中国的文化饥荒时期。第一批读者，包括后来在改革开放中发挥过重要作用的人物，他们对现代科学基本知识及其最新进展的了解，许多都出于阿西莫夫的笔端。

在科学领域，阿西莫夫几乎成了科普和科幻的代名词。他一生著书480余部，题材、内容涉及自然科学和社会科学的许多领域，而且文笔流畅、幽默风趣，迷倒了一大批人。笔者即是为数众多的“阿迷”之一，喜欢科学和写作很大程度就是在少年时代受到了阿西莫夫作品的影响。在认真读完《不羁的思绪——阿西莫夫谈世事》和《宇宙秘密——阿西莫夫谈科学》等书之后，我又深化了自己原先的一个认识：对于阿西莫夫来说，除开“科普巨匠”和“科幻大师”之外，他确实也配得上教育家和思想家的称号。这当然不是因我个人的喜好而刻意抬举。《不羁的思绪——阿西莫夫谈世事》序言中有篇《阿西莫夫礼赞》，开头便称：“艾萨克·阿西莫夫是我们这个时代，或许也堪称是所有时代的科学教育大师。”

在阿西莫夫的诸多作品中，发表在报刊上的科学随笔（Science Essay）占有相当的比重。这些风格独特、饶有趣味的作品大多从当代社会现象着眼，诠释与生活息息相关的各种事件，背后呈现的则是广阔的人文视野。他不只是在普及科学，而且还努力让读者去思考科学、理解科学乃至欣赏科学，促使人们去考虑人类与科技、历史等各方面的联系，考虑人类与整个社会的协调发展，进而启迪人们扩大视野，创造性地思索未来，向未知的领域延伸、拓展。

台湾翻译出版的一部阿西莫夫科学随笔集的封底曾印有这

样几行宣传文字：从阿西莫夫身上，我们学到以乐观开放的心态来面对日新月异的社会发展。如果我们小时候读的科学课本能写得像阿西莫夫的文章一样，今天或许就不会有“科学盲”或“科技恐惧症”的问题了。

科学随笔是阿西莫夫最喜欢的写作体裁。他一生创作了上千篇科学随笔，出版了40本科学随笔集。他在自传里说：“这些文集对我来说是令我满意的巨大源泉。首先，我保持了世界纪录：出版的文集比历史上任何人都多（请注意我没说最好，甚至于接近于最好，而只是数量最多。）”又道：“它们都是我为了自娱而写的。这些文章写来全都不是一本正经的，最重要的是轻松愉快。”

在一篇题为《人间天堂》的随笔开头，阿西莫夫向读者直抒胸臆：“写作这些随笔让我快乐无比，使我经常得到脑力的锻炼。我必须对任何事物不断地保持耳聪目明，以便迸发思想的火花，写出一些在我看来能够使读者感兴趣的东西。”1988年，当阿西莫夫已为《奇幻和科幻杂志》写下360篇专栏文章，并为这些科学随笔汇编一部30年纪念专辑（此即《宇宙秘密——阿西莫夫谈科学》一书）时，在最后一篇选文的“后记”中他写道：

“在我所有的作品当中，这一系列随笔的稿酬也许是最低的。……然而，这一系列随笔给我带来的快乐却最多，它远远补偿了我没有从它们身上得到丰厚酬劳的实情。我也知道，我不会永远地活下去，不太可能再写出360篇随笔。将来有一天，某篇随笔会成为我的最后一篇，至于它是第几篇，我也不知道。

但我想，当这一天来临、我的生命行将逝去之时，几乎不会有什么事能像不再有机会继续写作这些随笔那样让我感到遗憾的了。”

在阿西莫夫看来，一本随笔集的价值正是它所提供的多样性，可以从一个主题跳到另一个主题（这恰恰也满足了作者本人涉猎多个学科领域的兴趣）。没人要求你花时间阅读一篇完整的论文，你读到的全是短文，如果你觉得这一篇文章沉闷乏味或者使你失望，你只不过失去一小部分，而不至于殃及全书的价值。你可以翻到下一篇，或许它会使你喜欢。此外，短篇特别适合睡觉之前，或是其他短暂闲暇中阅读。

阿西莫夫作品（尤其是科学随笔）的写作风格鲜明还在于，他始终注意营造一种跟读者的亲近感。读他的作品，你感觉到他仿佛是在跟你聊天，而不是对你说教，正如阿西莫夫著《终极抉择——威胁人类的灾难》中译本译者王鸣阳先生所言：与其说他是在告诉你“有什么”，还不如说他是在引导你“分析什么”。于是你在阅读中不知不觉地就“参与”进去，同作者（更严格地说是同科学家）一起进行分析和推理，讨论种种可能性，最后得出自己的结论。

在他笔下，文字有味，科学真美！

将近30年前，卞毓麟先生曾对阿西莫夫科普作品的特色作过精辟的概括：“背景广阔，主线鲜明；布局得体，结构严整；推理缜密，叙述生动；史料详尽，立足前沿；新意迭出，深蕴哲理。”他认为，在阿西莫夫的科普作品中，科学性与通俗性、现代性与历史感、内容的广泛性与叙述的逻辑性，都有着完美的统一。

阿西莫夫具有像伊林那样的“简单明白地讲述复杂现象和奥妙事物”的罕见才能，且同样也善于一览众多的事实，善于描绘出广阔的知识图景：不仅使读者看到一棵棵科学的“树”，而且还看到了整片整片的科学“森林”。

2009年，我在为《宇宙秘密——阿西莫夫谈科学》一书撰写的“内容提要”中，尝试对阿西莫夫科普作品的特色作了另一番表述：

对科学的本质洞察入微，对事物的理解准确深刻，同时辅以广阔的背景、缜密的推理、生动的叙述——这，构成了“阿西莫夫文体”独特的逻辑美。在本书中，作者以其非凡的阐释能力，更是将其发挥得淋漓尽致。深奥的科学知识与复杂的社会话题，一经他的生花妙笔点缀，读来便毫无生硬之感，更添余韵无穷之妙。

在本书中您可以看到，阿西莫夫对奴隶制度和妇女地位的回望与评述，对智商崇拜和非理性的嘲讽与抨击，对迷信和反科学思潮的剖析与批驳，还有他对生与死的探索，对《圣经》的“科学解读”，对思维方式的思考……都可谓新意迭出、论辩精辟、哲理深蕴；加上幽默、亲切、常以自身经历或体验逗乐的开场白，以及画龙点睛的后记，更彰显出本书的盎然情趣，及其背后广阔的人文视野。

相信您在感悟美妙的“阿西莫夫文体”的同时，更能得到许多知识、智慧和启迪，还有——理性思考的乐趣。

收入《不羁的思绪》中的62篇科学随笔涵盖了形形色色的主题，如克隆、黑洞、探险、收藏、创世论、审查制度、技术恐惧症、艺术与科学、与外星文明的联系、对个人生活的回忆，等等。在创作科学随笔等科普作品时，阿西莫夫总是有意识地运用一种非常平实的写作风格，甚至是口语式的风格。有些批评家把这说成是“没有风格”。对此，阿西莫夫的回答是：“如果谁认为简明扼要、不装腔作势是一件很容易的事，我建议他来试试看。”

在不少人眼中，阿西莫夫是个相当傲慢、自负的人。他自知有写作的天份，认为对自己的才能不必过谦。有人觉得他自我膨胀、自以为是，他却喜欢称自己的冒失为“阿西莫夫式的狂妄自大”、“自我膨胀得像纽约帝国大厦”；甚至，“无法把自己光彩夺目的才华掩饰起来”；还说他很同意一位批评家写的一句话：“那个人非常不谦虚，但他确有许多可以不谦虚的东西。”

不过，换另一个角度看，这似乎又是阿西莫夫的幽默和可爱之处，亦是其非凡的人格魅力的展现。他常常采用反讽手法把自个“捎进”其科学随笔的叙事之中，以显示无所不知的他“在理解简单问题上的无能”。如此出洋相博读者一乐，文之趣味、风格亦跃然纸上。

诚然，“热爱写作胜于做任何别的事情”的阿西莫夫也不无遗憾。他在他的科学随笔专栏的《告别辞》中感慨：“我这一生为《奇幻和科幻杂志》写了399篇文章。写这些文章给我带来了巨大的欢乐，因为我总是能够畅所欲言。但我发现自己写不了第400篇了，这不禁令我毛骨悚然……。我一直梦想着自己能在工作中死去，脸埋在键盘上，鼻子夹在打字键中，但事实却不能如人所愿。”

阿西莫夫把科普视为一门艺术，期望人们在通过科普读物来欣赏一门科学的进展时，可以像欣赏莎士比亚的戏剧和贝多芬的交响乐一样得到美的享受和洗礼。他生前曾表示，他不相信有来世。但千千万万喜爱他的读者深知，他的伟大事业和他留下的宝贵遗产，已经让他获得了永生。

《不羁的思绪——阿西莫夫谈世事》，[美]艾萨克·阿西莫夫著，江向东、廖湘彧译，上海科技教育出版社；《宇宙秘密——阿西莫夫谈科学》，[美]艾萨克·阿西莫夫著，吴虹桥、苏聚汉、林自新译，上海科技教育出版社；《人生舞台——阿西莫夫自传》，[美]艾萨克·阿西莫夫著，黄群、许关强译，上海科技教育出版社；《阿西莫夫逸闻趣事》，[英]迈克尔·怀特著，叶秀敏、苏隆中译，内蒙古人民出版社。

可怕的美丽已经诞生

尼古拉斯·卡尔/《浅薄：互联网如何毒化了我们的大脑》

一个名为贾森·罗素的非洲小伙，突然在网络上蹿红，一件匪夷所思的事情也随之发生了。

那是在2012年3月，原本并不经常上网的他在互联网上传了一个揭露非洲军阀约瑟夫·科尼恶行的视频，不到一周，该视频的点击率就超过了7000万次。为维持这个互联网历史上传播速度最快的“病毒式视频”，罗素一直窝在家里更新推特，前4天每天只睡两小时。

第8天，罗素发出最后一条推特后，重新走进现实世界。只见他脱下衣服，走到离家不远的十字路口角落，反复拍打着混凝土，对着“魔鬼”咆哮——他被诊断为“反应性精神错乱”，即在强烈应激事件作用下急剧出现的精神障碍。他的心智受到了损害。

这或许只是一个极端的例子。但据当年7月初出版的美国《新闻周刊》报道，关于互联网对头脑产生有害影响的问题，至少在超链接出现时就开始被人讨论了。事情已然发生了变化。这一切究竟是怎样发生的?

“互联网让我们变得浅薄”；“我变成了机器人：失去了以前的大脑”；“网民的大脑：被重塑着、被折磨着”；“记忆哪里去了：做互联网的奴隶还是看客”；“面对互联网：我们已经丧失了人性”……这些惊人的话语，出自《哈佛商业评论》原执行主编尼古拉斯·卡尔于2010年推出的一部著作——《浅薄：互联网如何毒化了我们的大脑》，它很快就引发了一系列热烈的反响，其中心议题是：互联网是否改变了我们的思维？而作者在本书中实际上提出了我们这个时代面临的一个重要问题：在我们尽情享受互联网慷慨施舍的过程中，我们同时也正在牺牲深度阅读和深度思考的能力吗?

《浅薄：互联网如何毒化了我们的大脑》由技术历史这一切面展开，论述了从字母、书写、印刷术，到钟表、地图这些“大脑的工具”，自诞生以来如何一直都在塑造着我们的大脑。卡尔认为，所有的信息技术都会带来一种智能伦理。印刷图书让我们进入聚精会神的状态，从而促进深度思维和创造性思维的发展。相比之下，融多种不同类型信息于一屏的互联网多媒体技术，鼓励我们蜻蜓点水般地从多种信息来源中广泛采集碎片化的信息，从而进一步加剧了内容的碎片化，也进一步分散了我们的注意力。“让一本书现身网络，而且能在网上检索，这同时也是对它的肢解。文本的内容凝聚力和论证、叙述的线性全都被抹掉了。”

令人忧虑的是，互联网在改变阅读方式的同时，也使我们的大脑悄悄发生变化，或者说，正在重塑我们“浅薄”的思维模式。大量的神经生理学文献及各种权威科学实验证明：人的大脑是可塑的，这种可塑可由技术工具来完成。跟历史上的其他信息媒体一样，互联网正在把它自己的智能伦理强加到我们的大脑上，正在改变我们思维的平衡。

不错，互联网有助于一种特定思维方式的产生：它使我们非常快地评估很多不重要的信息，并经常要同时应付很多干扰和令人分心的事情。这种浏览的、扫描式的、同时应付多种事物的思维方式很重要也很有价值。但是，随着我们更频繁、更广泛地使用互联网，我们已经开始失去其他的思维方式，特别是那些需要持续的注意力、需要集中精神的思维方式，以及那些需要沉思、反思和内省的思维方式。

而这种精神层面的改变在教育、创新、文学、艺术，甚至是在精神健康方面已经产生了很多实际的后果。与此前的许多技术发展一样，以互联网为标志的数字化时代同样为人类带来了社会的根本性变革，同时也给人们带来了一些迷思，"可怕的美丽已经诞生"（叶芝诗句）。

《浅薄：互联网如何毒化了我们的大脑》中所涉及的一些问题，也呈现在近年来对于电视的诸多"非议"中。美国媒介理论家尼尔·波斯曼早在1978年就提出警告说，看电视的习惯会损害我们的理性话语能力和阅读能力。他设想有两个世界通过竞争来争夺并控制学生的头脑，一方是印刷词语的世界，其重点是逻辑、序列、历史和客观性等；另一方是电视的世界，它倚重的是图像、叙事、现实性、同步性、贴近性，以及即刻的满足和迅速的情感回应。

由于学龄儿童已经习惯了电视的偏向，而上学以后他们遭遇的却是印刷词语的世界。所以，“造就”了不能或不愿学习读书写字的儿童，在简单的段落里都不会以逻辑结构组织思想的儿童，不能静下心来听老师讲解的儿童。

事实上，在美国早有人发现，孩子们的学习能力一年不如一年，注意力也不能集中，而且问题大多发生在“电视带大的孩子”身上。原因也许是：电视往往会塞给孩子们太多互不相关的零星信息，从而消解了他们思索的欲望。

我们的孩子即将成为“网络带大的孩子”，企图抗拒，恐怕只是徒然。但我们至少可以每天关上电脑片刻，与孩子一同在灯光下打开那些泛着印刷香气的书页，因为，真正的“读书”恐怕是不能替代的，它是作者与读者之间的一种共同努力，有着无比丰富的想象空间。对此美国科普巨匠阿西莫夫有个妙喻：“读书要求你参与其中。无论作为观众的乐趣再大，也比不上你自己参加演出所获得的享受。”

卡尔并不否认互联网的种种“好处”，也坦言我们不可能走回头路。他在接受媒体采访时曾表示，他写《浅薄：互联网如何毒化了我们的大脑》并不是要鼓动人们舍弃他们的计算机或是跟互联网隔离。他只想提醒人们，在被迫使用数字媒体时，既要注意到它带来的好处，也要注意到它的代价，而且应该更加严格地控制自己：有规律地关掉电脑、练习深度思考很重要——如果你珍视深度思考的话。

《浅薄：互联网如何毒化了我们的大脑》，[美]尼古拉斯·卡尔著，刘纯毅译，中信出版社；《过度互联——互联网的奇迹与威胁》，[美]威廉姆·戴维德著，李利军译，中信出版社。

美好人生不可或缺的快感

约翰 · 艾伦 · 保罗斯/《我思故我笑：哲学的幽默一面》

幽默总是相对于特定的语言和语境的。而文化差异所造成的对幽默理解上的偏差，往往还很难排除；甚至可以说，那实际上就是一种无可奈何的“丧失”。事实上，一些用英语（或者任何其他的外国语言）表述起来是幽默的东西，通过翻译则至少会部分地丧失它的幽默感。

举个例子：一个人在头上举着一条小树枝，微笑着对一位银行出纳员说：“这是在抢劫。”

乍看这确实让人不明就里，一点也不可笑，要理解它就得借助注释：此句原文是“This is a stick-up”。这里的“stick-up”是抢劫的意思。而“stick”一词有树枝、条状物、强迫等多个含义。

此典出自《我思故我笑——哲学的幽默一面》，作者约翰·艾伦·保罗斯是一位数学博士，擅长对可笑的问题进行哲学思考。该书不能算作是一部单纯的笑话书，有人读起来可能反倒还会觉得很累。因为书中为揭示哲学思维的本质，亦采用了不少逻辑论证的“手段”，需要细心去感悟和体会。

的确，幽默与研究思维之形式及其规律的逻辑关系密切：一方面它具有机智即思维敏捷的特色，一方面它又可以唤起听（读）者的形象思维和逻辑思维；而一些逻辑难题和荒谬陈述，往往又蕴涵着幽默的蕴味。先来看看有关著名哲学家伯特兰·罗素的一个故事：

罗素在讨论某类条件陈述时认为，一个假的陈述蕴涵任何东西（anything）和每个东西（everything）。一位怀疑论的哲学家质问他：“你指的是如果2＋2＝5，那么你就是教皇吗？”罗素肯定地回答，并且提供了下列有趣的“证明”：

“如果我们是在假设2＋2＝5，那么你一定同意从这个等式的每边减去2，就可得到2＝3。颠倒顺序，我们得到3＝2，再从这个等式的每边减去1，我们得到2＝1。因此，由于教皇和我是两个人，而2＝1，那么教皇和我是一个人。所以我就是教皇。”

再请读者朋友琢磨琢磨下面一个问题：

考虑有这么一个国家，它的法律允许不住在任所的市长——这就是说，一些市长生活在他们管辖的城市，而一些市长不是这样。好，一个有改革头脑的独裁者掌权了，他命令所有不住在任所的市长，而且只是不住在任所的市长，住在某个地方。让我们把这个地方称为城市C。城市C现在需要一位市长，那么这位市长将住在哪里呢？

在《我思故我笑》一书中亮相的著名哲学家不少，他们有：罗素、康德、哥德尔、波普儿、维特根斯坦、休谟、笛卡尔、柏格森……而书名亦由一个著名的哲学论断“克隆”而来。这里要特别提到的是笛卡尔，因为他跟《我思故我笑》这本书，以及幽默和笑还真有点儿干系。

在1637年出版的《方法论》一书中，笛卡尔一开始就怀疑所有的事物，似乎他所找的无可争辩的事实就是这种怀疑；怀疑的存在意味着某种正在怀疑的东西的存在，也就是他自己的存在。于是他便用拉丁文句子“Cogito,ergosum”（我思故我在）来表达这种思想。他由此出发建立的十分重要的体系，使得他（有时）被人冠以“近代哲学之父”的称号。

这位在数学方面也极有造诣的机械论者，竟然像外科医生那样细致地剖析过笑，甚至还在实验报告上分析了笑与脾、血管和血液的关系。在《论情感》中他写道：

“笑是这样发生的：血液从右心室经动脉血管流出，造成肺部突然膨胀，反复多次地迫使血液中的空气猛烈地从肺部呼出，由此产生一种响亮而含糊不清的声音；同时，膨胀的肺部一边排出空气，一边运动了横膈膜、胸部和喉部的全体肌肉，并由此再使与之相连的脸部肌肉发生运动。就是这种脸部动作，再加上前述的响亮而含糊的嗓音，便构成了人们所谓的笑。”

《我思故我笑》一书也幽了笛卡尔一默：曾经有一匹有才气的马，它掌握了算术、代数、平面几何以及三角学。然而，当人们向它提出解析几何问题时，这匹马踢叫不停，拼命挣扎。你无法把笛卡尔放在这匹马之前。

这又要作些解释了：这里作者使用了词的双关含义。笛卡尔（Descartes）是解析几何的发明者。笛卡尔的法文名字中包含了“cart”这几个字母，而cart在英语中意指“大车”。当然，你不可能把大车套在马的前面。

在《我思故我笑》的作者看来，幽默和哲学都是富有人性的，就像它们的确要求的那样，要求一种超越自我及其境况的独特能力。在我们的希望（或自负）和实在之间的偏差不可能被视而不见。“对这个赤裸裸的偏差的回答贯穿在哲学和幽默之中。我思，故我笑。”

有“思”才有“笑”，先“思”而后“笑”——幽默似乎也并不纯粹是一种放松，或者哲人们的一种消遣？古希腊大学者亚里士多德可以说是生理学的第一位探索者，在对笑的研究中，他几乎是从一开始就提出了一些基本的问题。在《问题篇》中，他从“空气振动”的情形和肌体各部位的放松程度来论证：为什么哭的声音尖锐，而笑的声音却低沉。他还在《诗学》中指出：“滑稽的事物（令人发笑的事物）是某种错误或丑陋，不致引起痛苦或伤害，现成的例子如滑稽面具，它又丑又怪，但不使人感到痛苦。”

古罗马政治家、雄辩家和哲学家西塞罗向我们揭示：笑不仅仅是一种消遣，同样可以成为一种对人有用的举止。在其《演说家》一书中，他借一个老滑头之口劝说道：“嘲弄你同伴的错误，借助夸张和讽刺，假装天真，揭露对手的愚蠢，这些都是逗笑的极好方法。为了逗笑，可以使用对比句，如：‘先生们，这个人什么都不缺……除了财富与美德！’”

在笛卡尔剖析了笑之后几年，另一位哲学家斯宾诺莎采用定理和编码方法，赋予了笛卡儿的分析以极为精确的形式，并反问道：“还有什么比笑更益于满足驱散忧郁的需要呢？”

外表严肃的哲学家叔本华对笑也有诸多论述：“笑不过是因为人们突然发现，在他所联想到的实际事物与某一概念之间缺乏一致性而导致的现象，笑恰恰是这种鲜明对比的表现。”他认为诙谐的性格是一种“能立即带来好处”的“优良的品质”，还说：“愉快随时带来益处。它好比幸福的现金支付，而其他都不过是一张支票。”

立论严谨的哲学家黑格尔在其名著《美学讲演录》中提醒道：“不要混淆诙谐与滑稽。内容与形式，目的与手段，它们之间的任何对比都是滑稽的……诙谐的特征，却是充分的满足，以及人在战胜了自身的矛盾或者摆脱了严峻、不幸的处境之后获得的安全感。”

到了现代，作为20世纪最重要的思想家之一的弗洛伊德也开始关注“笑”的问题，发表了《论机智及其与无意识的关系》和《论幽默》等论作，以理论的方式给艺术世界中的“笑”之新气息，投去了一束充满现代意识的哲学——审美之光。

而法国著名哲学家和文学家、1928年诺贝尔文学奖得主亨利·柏格森也出版了《笑与滑稽》一书。该书探讨了滑稽产生的机制，分析了滑稽喜剧之所以使人发笑的原因，并强调了笑对于社会的功能。在《我思故我笑》的第四章中，还特别提到了柏格森关于“笑”的一个著名的短语：在某个活的东西表面形成硬壳的机械般的东西。

其实，幽默有时候也很“软”，要用心去体会。请看下面的例子：

一天下午，一个男人跟他的一个熟人路过一家咖啡馆时，发现他的妻子正跟他的情妇坐在里边聊天，不禁哑然失笑，得意地评论道：“想象一下吧，一个情妇整个上午都与她的情人泡在一起，同一天下午却又与他的妻子亲热地交谈。”

这个熟人听了大吃一惊：“啊！你是怎么发现的？”

再来看看保罗斯的解释：正如两个词项可以在意义上不同

但却具有相同的所指，一个词项也可以有许多所指，但却只有一个意义（如从不同的人嘴里说出的“我的父亲”便具有不同的所指，但意义是同样的。）这样的一些情形往往就构成了幽默的要素。

现在，您明白那个熟人为什么会大吃一惊了吗?

呵呵，说了半天“幽默”（Humour），得问一句：幽默到底是什么呢?是欢笑、娱乐、快感?是荒诞、滑稽、诙谐?是揶揄、嘲弄、戏谑?应该说，这些都与幽默有关，都能在一定条件下引发幽默感，但它们又都不能等同于幽默。

对此，《我思故我笑》也没有给出具体的答案。据说，这个问题曾让古往今来许多大哲学家和思想家犯难。这使我想起了一位学者在他那本关于笑的心理学研究的著作中所做的“谦虚”的结论：

许多伟大的哲学家、伟大的幽默家都曾经试图说明，为什么我们会笑。他们都没有说对，而我竟然也敢研究笑料的成因——这个神秘而又复杂的问题！这件事本身就够可笑的了！

与上述“谦辞”有异曲同工之妙的，是美国当代画家索尔·斯坦伯格的谐谑之语：

试图给幽默下定义，是幽默的定义之一。

我则愿意把幽默理解为：美好人生不可或缺的一种快感。

《我思故我笑——哲学的幽默一面》，[美]约翰·艾伦·保罗斯著，徐向东译，上海科技教育出版社；《笑的历史》，[法]让·诺安著，果永毅、钟燕萍译，人民日报出版社；《笑与滑稽》，[法]亨利·柏格森，乐爱国译，广东人民出版社。

后记

最是书香能致远

好书便是好伴侣，好书回味更悠长。

我的第一次真正意义上的阅读，应该是由连环画图书开启的。印象最深的“小人书”是《东郭先生》和《看云识天气》，还有根据高尔基自传三部曲《童年》《在人间》《我的大学》改编的连环画。这或许就是我最初的文学与科学启蒙了。

此时此刻，当年奶奶给我讲解《东郭先生》时的情景，又一次浮现在眼前。她的神态，她的声音，她的话语，连同某种超越时空的精神气场，都真真切切地留驻于我的脑海中。记得，就着这个古代流传下来的故事，奶奶引申表达过一个意思：纵然时常有“好心不得好报”这样的事情发生，人还是要心存善念、多行善举。不过，像故事中的东郭先生那样向恶狼行善，未免也太过迂腐了。

童年当为人之一生永恒的记忆。奶奶是我的第一个人生导师，也是我的第一个“贵人”。在她膝下，在书香的氛围里，在她循循善诱的言传身教中，我度过了幸福、快乐的童年时光，感受到了生活的意义、人生的美好，还有令我深切铭刻在心、终生不能忘怀的挚爱。

我11岁那年，奶奶走了。我的心头，从此有了永远永远的痛。我的世界、我的生活、甚至我的性格，也都变了样，第一次感受到了人生的灰暗和无奈，还有无尽的哀伤和孤寂。然而，在我的精神世界里，奶奶始终未曾离去。在她撒手人寰37周年之际，我把自己十分看重的这部新著，特别题献给她，表达我深深的感激和缅怀之情。

好书往往是一个人的精神向导，甚而成为照亮前程的人生坐标。

2011年夏，科学普及出版社（中国科学技术出版社）来函称，为庆祝建社55周年，要在《科学时报》和《出版人·图书馆与阅读》杂志开设两个专栏，分别冠名为“我的科普情结”和“我的科普书房”。我受邀撰文跟该社“一起述说与科普的故事和对科普的挚爱”。

对科学普及出版社和《科学时报》，我亦怀有浓浓的、深深的感情。和我所供职的《科技日报》一样，它们既是滋润我成长的沃土，又都与我这部新著有着不解之缘。我小时候喜欢的引进版科普读物，大多出自科学普及出版社。特别是我读到的第一部阿西莫夫著作——胡树声翻译的《阿西莫夫论化学》，引导我走进科学世界并改变了我的人生道路。那也是我真正热爱学习、学会思考，并对科学和写作产生兴趣的开端。

回望少年时代，每天我最惬意的时刻，就是在晚上做完功课后，随心所欲地翻一翻课外读物，再欣赏、整理一下邮集。常常是带着吸吮知识、开启心智后的快慰，美滋滋地进入梦乡。那会儿家中简陋书架上摆放的，一半是父母的工作用书，一半是我和妹妹的课外书，我的收藏以科普书居多。

大学时代，学校图书馆就是我的书房。功课念累了的时候，翻阅科普书成了我的消遣。正是在那个大“书房”里，我发现有份《科技日报》经常刊载阿西莫夫的科学随笔，译者林自新系这张报纸的总编辑。由此我对《科技日报》上起心来，并萌生了大学毕业后改行投奔此地的念想。同时，我开始结合专业学习进行科普创作，一年光景先后有76篇作品在《人民日报》《北京日报》《科学画报》《中国食品报》等21家报刊登出。

在阅读中思考，在思考中进步，在进步中成长。

1991年如愿加盟《科技日报》后，我业余读书、创作“积习”不改。1999年前后，上海科技教育出版社的翁经义、卞毓麟、潘涛、王世平诸位领导，还有北京理工大学出版社的范春萍老师，尝试着让我以“特约编辑”的身份，参与部分中高级科普图书译稿的审校与加工。这使我在业余天地里过上了一种特殊的“读书”生活。恰逢此时，《科学时报》“读书周刊”主编杨虚杰女士向我发出了撰写书评、书话的邀约，这又使我有了一种别样的“思考”方式。本书收录的一部分文章，即是在上述背景下写成的。

2012年秋，《中国科学报》（前身即《科学时报》）版面调整，“文化周刊”主编李芸女士约我开设“书里书外”专栏，我愉快地接受了邀请。当年11月2日，首篇专栏文章《“春天”的觉醒——卡森与<寂静的春天>》刊出。“开栏的话”写道：“一本好书诞生的背后，往往很有‘故事’；同时，其影响所及，也贯穿人类社会生活的各个层面。新栏目‘书里书外’，讲述的就是这样一些故事。”

2013年5月3日，已调任科学普及出版社副总编辑的虚杰，从“书里书外”专栏上看到《“DNA博士”的个人叙事——沃森与<双螺旋>》一文后，给我发来电邮，表示赞赏，并且提议适时把我写的书评、书话汇集，做成一本“有品位”的书：既能让读者对科学经典著作之内容背景有所了解，又能收获精彩的思想观点，借以增长见识、增进智慧。

在第20个“世界读书日”到来之际，入列“全民科学阅读丛书”首批书目的本书即将付梓。特别感谢唐山先生为本书作序，感谢王绶琯、欧阳自远、张景中、刘嘉麒四位院士，著名作家叶永烈先生，著名学者吴国盛教授，热枕为本书点评、推荐，予以鼓励。感谢虚杰竭力推动玉成此书，感谢责任编辑鞠强先生、张宇女士和创意装帧设计林海波先生的辛勤付出。

最是书香能致远，阅读是一件多么美妙的事情。多年来，我一直致力于在阅读、思考和创作中挖掘科学的“理趣”。但愿本书真能成为“理趣阅读司南”，得到读者朋友的喜爱。

尹传红，2016年4月13日，于北京

重印新记

《该死的粒子：理趣阅读司南》一书，出版当年即入列“中国教育报教师喜爱的100本书2016年度榜单90佳”，紧接着又在2017年春节期间，登上了北京中关村图书大厦的综合类图书排行榜，摆放在畅销图书展台上。就在此番重印前夕，再次传来喜讯：本书荣获第五届“中国科普作家协会优秀科普作品奖”银奖。

这些意外之喜，都令我深受鼓舞，同时也促使我对科学阅读给予了更多的关注。事实上，最近几年里，我应邀到全国各地的中小学校，做了数十场有关科学阅读的演讲，其中的一个讲题——《科学阅读的人生启迪》，即是以本书的一些内容为依托的。

我也曾在不同的场合里，听见或看到一些熟识的朋友，甚至是不认识的读者，表达过对这本书的欣赏和喜爱。这同样令我十分感怀。

我要特别感谢邱成利、张文虎、胡志强、李清晨、何醒、李峥嵘、刘莎、段玉龙等朋友，给我提供了宝贵的机会宣讲本书。特别感谢徐丹女士和刘华杰先生，细心地帮助我校勘书中出现的一些错误。

本书敬呈我挚爱的奶奶。此次重印，特意在题献页上添加了画家杜爱军先生专门创作的一幅祖孙悦读图，它还原了我曾经度过的一段美好时光，这里亦表示我深深的谢意。

尹传红，2018年10月18日，于北京